KB245035

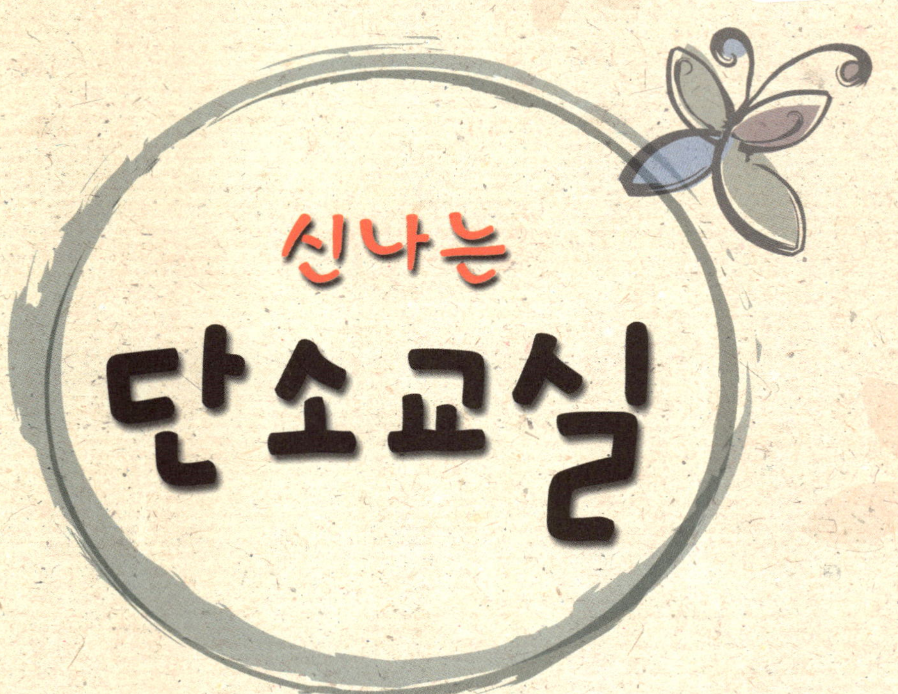

신나는
단소교실

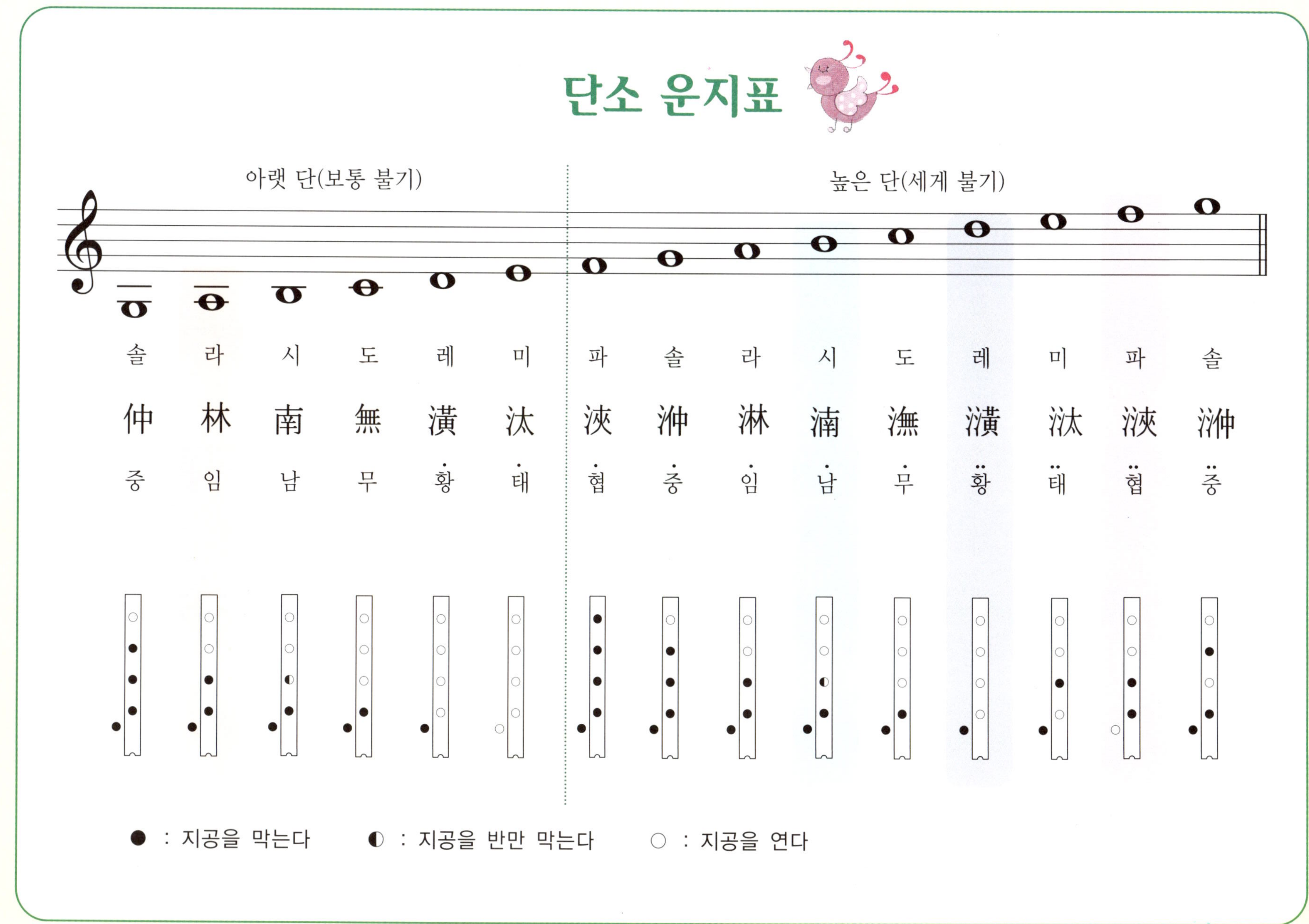
단소 운지표
아랫 단(보통 불기)
높은 단(세게 불기)
솔 라 시 도 레 미 파 솔 라 시 도 레 미 파 솔
仲 林 南 無 潢 汰 浹 㳞 淋 湳 潕 潢 汰 浹 㳞
중 임 남 무 황 태 협 중 임 남 무 황 태 협 중
● : 지공을 막는다   ◑ : 지공을 반만 막는다   ○ : 지공을 연다

1. 단소(短簫)의 기본 지식

단소는 '짧은 관악기' 라는 뜻입니다.

　서양악기 중 쉽고 간단히 불 수 있는 악기가 리코더인것처럼 우리나라악기 중에서 악기의 구조가 간단하고 휴대가 편하여 남녀노소 누구나 쉽게 배울 수 있는 악기가 단소입니다.

　단소는 대나무로 만든 관악기 중에서 가장 맑고 청아한 소리를 지니고 있으며, 듣는 사람으로 하여금 애절한 감정을 일으킵니다.

　'단소'는 누가 언제 처음 만들었는지 알려지지 않고 있지만, 〈악학궤범〉에 단소와 비슷한 악기들이 소개되어 있는 것으로 보아 고려시대부터 불리워지지 않았나 추측할 따름입니다.

단소의 재료

　단소의 재료로는 3-4년 정도 묵은 황죽, 오죽, 청죽 등을 쓰며 대나무의 뿌리 부분으로 만든 단소가 맑고 청아한 소리를 냅니다.

〈플라스틱 단소〉

소리를 내기 위한
연습용 단소입니다.

〈오죽 단소〉

운치가 있고 맑고 부드러운
소리를 냅니다.

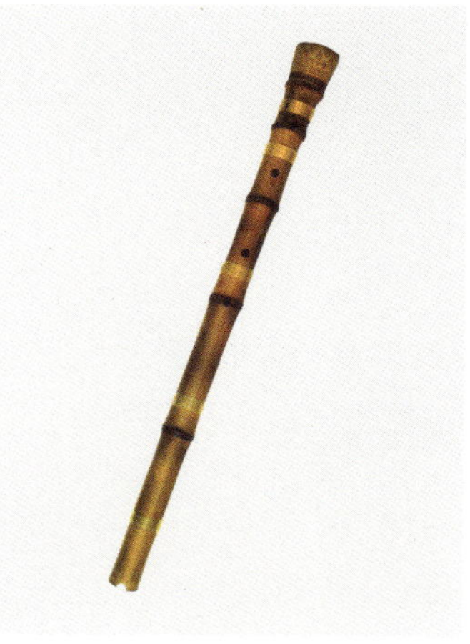

〈황죽 단소〉

약간 무겁고 기품있는
소리를 냅니다.

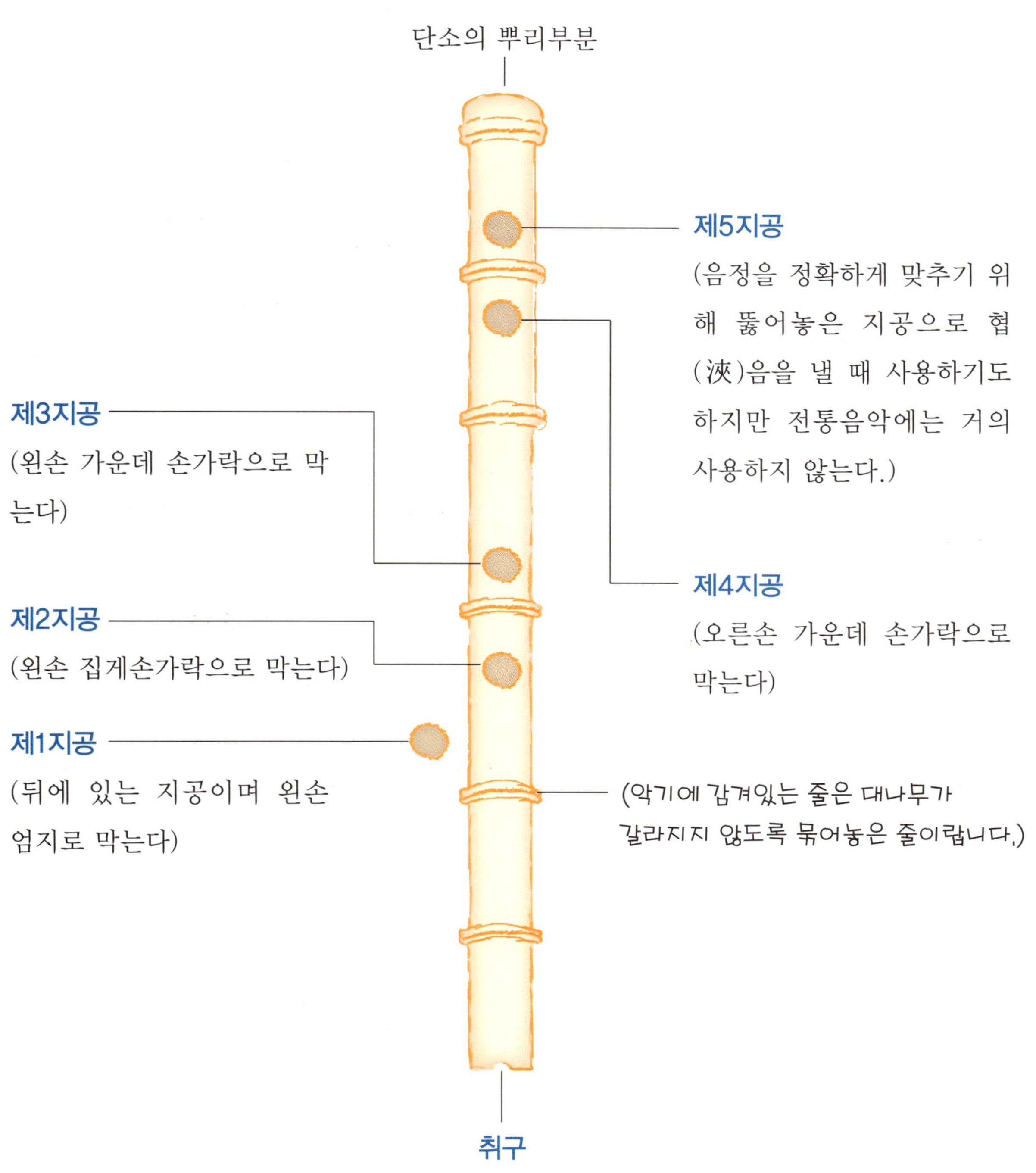

단소의 뿌리부분

제5지공
(음정을 정확하게 맞추기 위해 뚫어놓은 지공으로 협(浹)음을 낼 때 사용하기도 하지만 전통음악에는 거의 사용하지 않는다.)

제3지공
(왼손 가운데 손가락으로 막는다)

제4지공
(오른손 가운데 손가락으로 막는다)

제2지공
(왼손 집게손가락으로 막는다)

제1지공
(뒤에 있는 지공이며 왼손 엄지로 막는다)

(악기에 감겨있는 줄은 대나무가 갈라지지 않도록 묶어놓은 줄이랍니다.)

취구
(이곳으로 입김을 불어넣어 소리를 낸다)

단소는 소리내기 전에 반드시 바른 자세로 연습해야 좋은 소리가 나올 수 있습니다.

1. 자연스럽게 앉아 허리를 곧게 핍니다.
2. 어깨에 힘을 빼고 가슴을 폅니다.
3. 시선은 15도 정도 숙이고 악기를 약45도 각도로 가볍게 쥡니다.

4. 팔은 약 한 주먹이 들어갈 정도로 너무 벌리거나 붙이지 않습니다.
5. 단소의 취구는 입술의 가운데에 가볍게 댑니다.

관악기를 연주할 때는 '복식호흡'을 합니다. 특히, 단소는 취구가 작기 때문에 일정한 호흡으로 해야합니다. 누워서 몸에 힘을 빼고 숨을 쉬면 아랫배가 오르락내리락 하는데 이처럼 숨을 마쉬면 아랫배가 불룩해지고 내쉬면 들어가는 것이 복식호흡입니다. 누워서는 복식호흡하기가 쉽지만 앉아서는 잘 되지 않으므로 충분히 호흡연습을 해야합니다.

보통 어린이들은 어깨가 위로 올라가거나 가슴이 올라가는데 이는 흉식호흡으로 바르지 못한 호흡법입니다. 코로 공기를 빨리 많이 들이 마쉰 뒤 입으로 천천히 내뱉는 연습이 필요합니다.

• 고무풍선에 바람을 넣는 것과 같이 입과 코로 재빨리 숨을 들여마십니다.

• 이때 아랫배가 풍선처럼 팽창되는 느낌을 갖도록 합니다.

• 배에 힘을 주어 빵빵하게 압력을 가합니다.

• 숨을 내쉴 때는 숨의 양을 조절하여 천천히 고르게 내쉽니다.

　단소는 취구가 매우 작아서 취구의 위치나 입술 모양에 따라 음색의 변화가 매우 다양하게 나타납니다. 고운 소리를 내기 위해서는 입술의 모양이 정확해야하며, 늘 고정적인 입술모양으로 입김의 세기를 고르게 해야만 정확한 음정의 소리가 납니다. 그러기 위해선 바른 자세로 오랜 연습이 필요할 수 밖에 없습니다.

1. 입술 모양을 '에' 합니다.

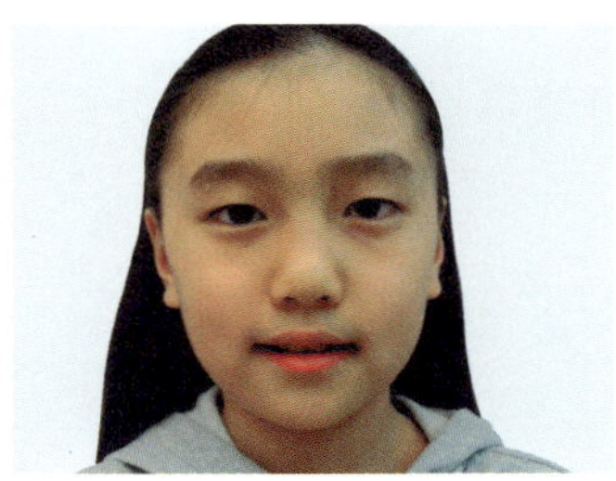

2. 아랫입술과 윗입술을 일치시키며 '읍' 합니다.
   미소를 짓듯이 아랫입술의 주름을 없게 만듭니다.

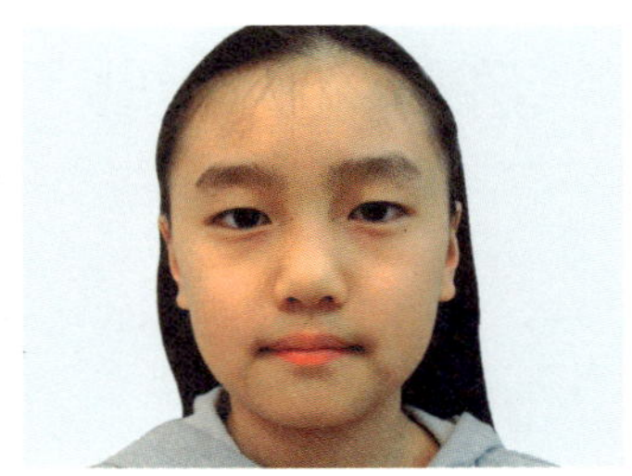

3. 단소를 불기 전 손등을 위로 하고 손등에 바람이
   오도록 불어봅니다.

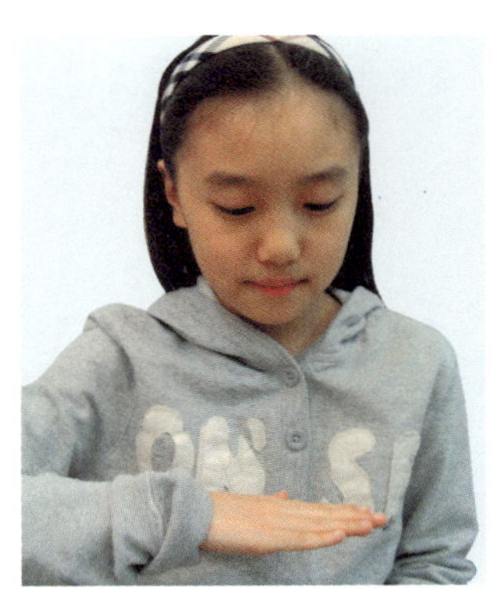

4. 취구를 아랫입술 조금 밑으로 띄어서 대고 입술과
   악기의 각도가 45도가 되게 만든다음 '프―' 하고
   가볍게 김을 불어넣습니다.
   이때 입김이 단소의 취구 안과 밖으로 절반씩 들
   어가면서 소리가 납니다.

단소를 잡는 법

1. 손목과 손가락 끝에 힘을 뺍니다.
2. 손가락을 둥글게 하고 첫째마디의 도톰한 부분으로 가볍게 누릅니다.
3. 지공을 막지 않는 손가락은 항상 떨어지지 않게 합니다.
4. 손가락을 뗄 때는 1센티 정도가 가장 좋습니다.
5. 단소는 지공을 안 막았어도 손가락을 얼만큼 떼느냐에 따라 음정이 달라질 수 있으므로 주의해서 운지를 해야합니다.

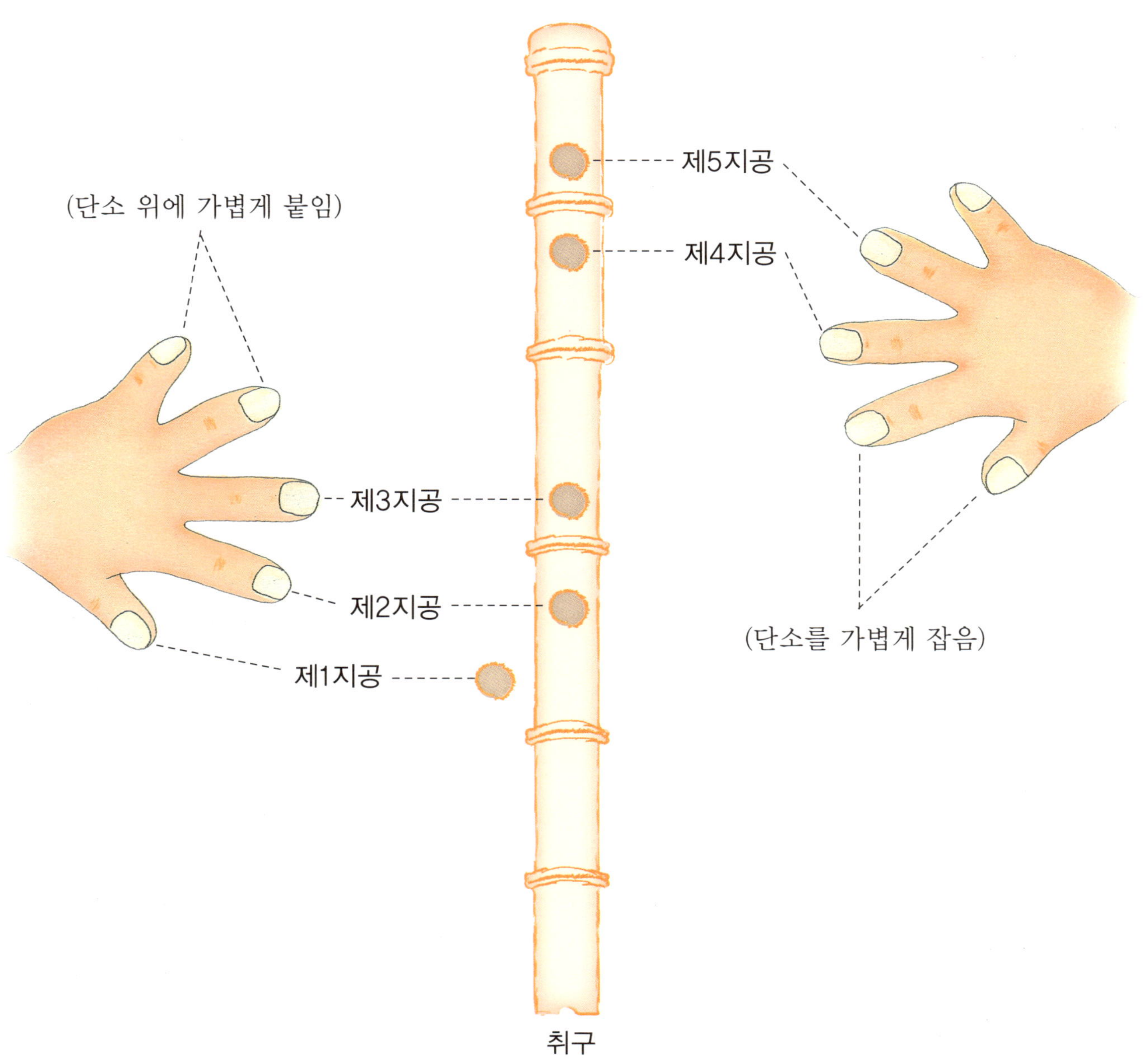

1. 왼손 엄지손가락으로 뒤에 있는 1지공을 막습니다.

2. 왼손 집게손가락(두번째 손가락)으로 2지공을 막습니다. 이때 손가락을 세우면 구멍이 제대로 막히지 않아 정확한 음이 연주되지 않습니다.

3. 왼손 가운데 손가락으로 3지공을 막습니다. 이때 지문의 살찜부문(도톰한 부분)으로 가볍게 갖다 댑니다.

4. 왼손의 나머지 손가락을 단소 위와 옆 부분에 가볍게 댑니다. 항상 단소 위에 붙어있는 손가락입니다.

5. 오른손 엄지와 집게손가락으로 3지공과 4지공 사이를 가볍게 잡습니다. 단소가 흔들리지 않게 고정해주는 손가락입니다.

6. 오른손 가운데 손가락으로 4지공을 막습니다.

7. 오른손 네번째 손가락과 새끼손가락을 단소 위에 가볍게 댑니다. 단소 위에서 떨어지지 않도록 주의 합니다.

8. 제5지공은 막지 않습니다.

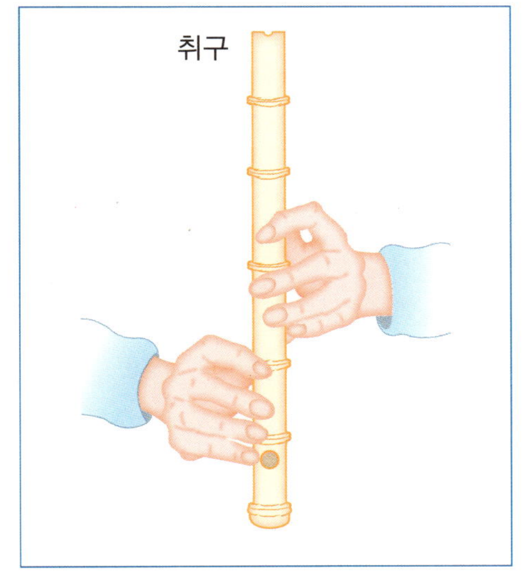

단소를 바르게 잡은 앞모습

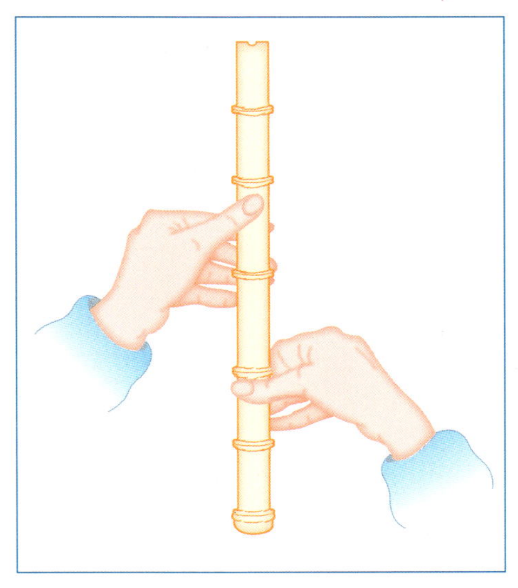

단소를 바르게 잡은 뒷모습

전통음악의 12율명

서양 음악의 계이름에 해당되는 것을 우리나라 음악에선 '율명'이라고 합니다. 모두 12개의 음이 있기 때문에 12율명이라고 합니다.

율명은 황종, 태주처럼 두 글자이지만, 악보에 표기할 때는 태, 황, 무와 같이 앞의 한 글자만 떼어서 표기합니다.

음표로 나타낸 12율명

단소의 음계

한 옥타브* 위의 음을 나타낼 때는 앞에 氵(삼수변)을 써주고 潢 을 '(청)황'으로 읽습니다.

두 옥타브 위의 음을 나타낼 때는 앞에 氵(삼수변)을 하나 더 써주고 㶂 을 '(중청)황'으로 읽습니다.

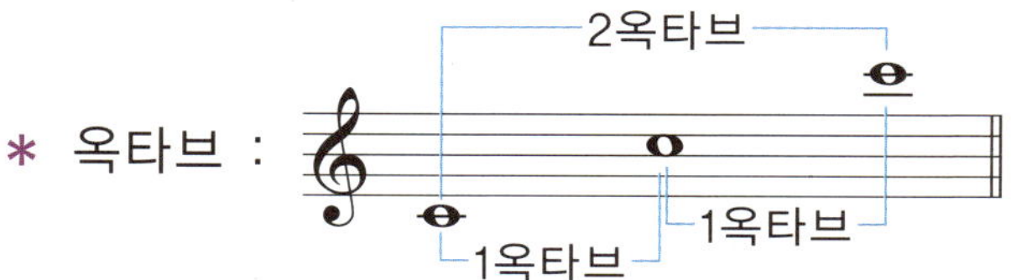

우리나라 음악에 쓰이는 악보는 세종대왕이 창안한 〈정간보〉입니다.

정간이라고 부르는 네모난 칸은 한 칸이 한 박의 음길이를 나타내고 음높이는 한자로 된 율명으로 표시합니다. 악보의 모양이 한자 중에서 우물 '정(井)' 자와 비슷하다고 해서 정간보라는 이름이 붙여졌습니다.

1. 정간과 음의 길이

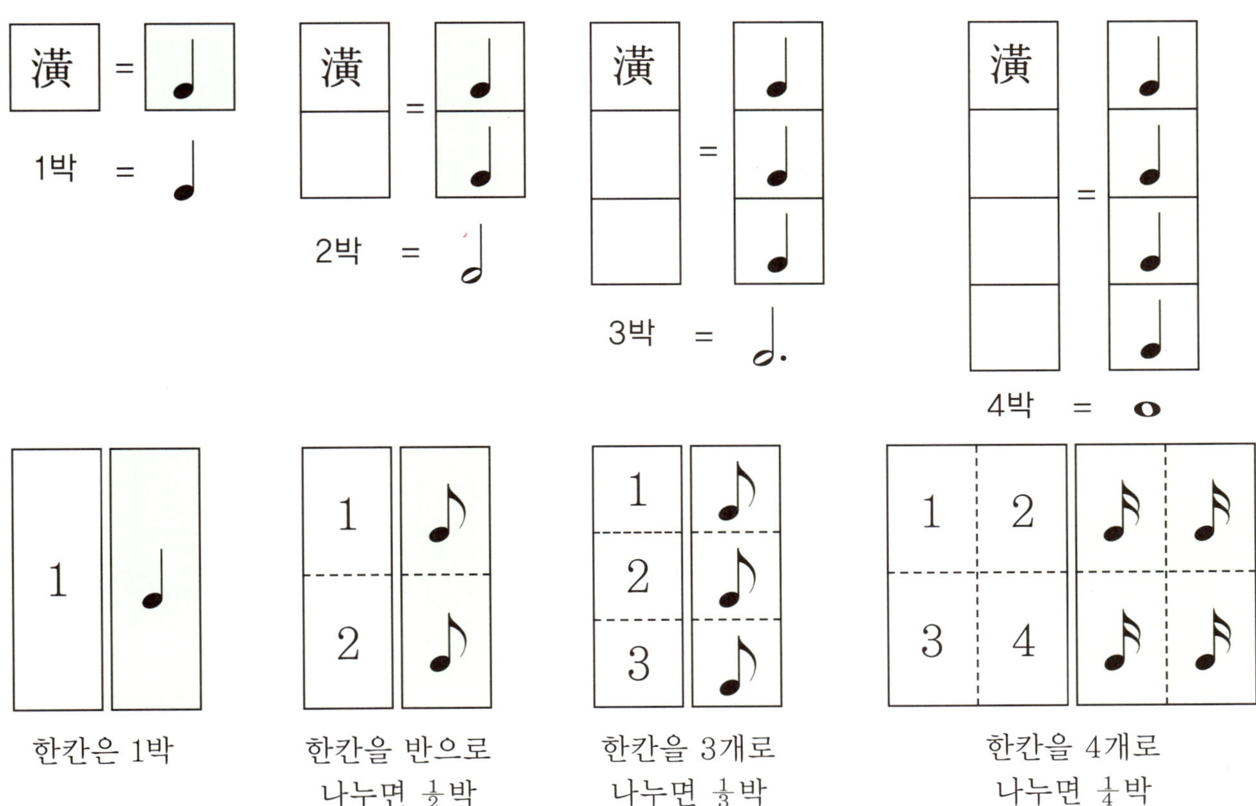

한칸은 1박

한칸을 반으로 나누면 $\frac{1}{2}$박

한칸을 3개로 나누면 $\frac{1}{3}$박

한칸을 4개로 나누면 $\frac{1}{4}$박

2. 정간보 읽기

정간보는 위에서 아래로(㉠) 오른쪽에서 왼쪽으로(㉡) 읽습니다.

읽는 순서를 따라 정간 안에 '1, 2, 3..' 순으로 나타내면 아래와 같습니다.

단소 고르는 법

1. 소리내기가 쉬운가

2. 음정이 맞는가 (汰 와 㴢 음정 주의)

3. 음색이 맑고 깨끗한가

4. 지공이 잡기 편하게 되어 있는가

5. 취구와 지공이 일직선으로 반듯하게 있는가

그 밖에 휘어지거나 벌레가 먹었는지의 여부등등을 확인하고 선택해야 하기 때문에 경험자와 상의해서 구입하는 것이 좋은 악기를 고르는 방법이라 하겠습니다.

※ 단소는 대부분 수제작이기 때문에 악기 선택에 신중을 기해야 합니다.

※ 포장되어 나오는 단소는 불어보고 구입할 수가 없기 때문에 잘못하면 음정이 거의 맞지 않거나 취구가 너무 작아 소리내기 힘든 악기가 많습니다. 또 나무가 너무 얇아 살짝만 떨어뜨려도 금이가거나 깨지기 쉽상입니다.

＊ 단소는 대나무의 상태를 보고 한 악기씩 직접 소리내어 불어보고 선택해야 합니다.

2. 단소 초급편

기본 5음으로 구성된
동요 및 전래동요와 민요 모음

율명을 따라 쓰면서 익힙시다.

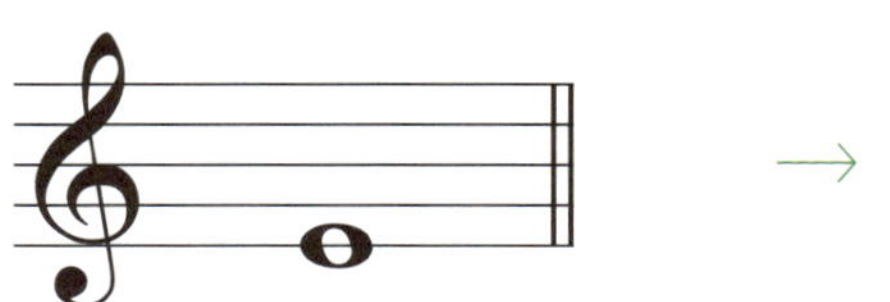

汰	汰		
청태	청태		

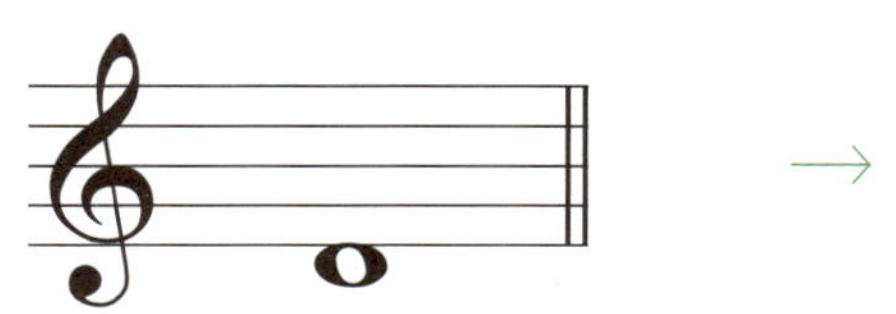

潢	潢		
청황	청황		

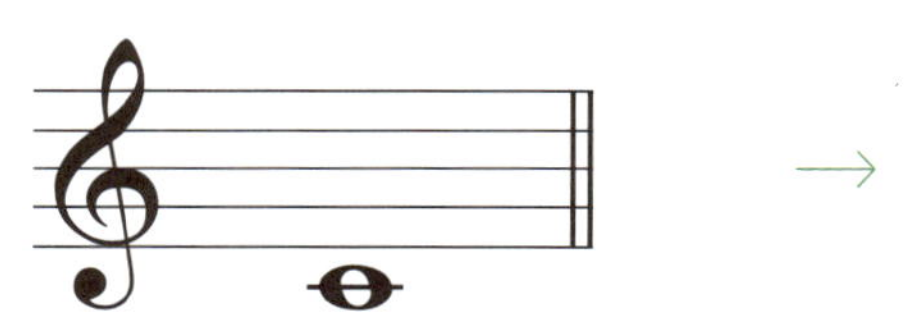

無	無		
무	무		

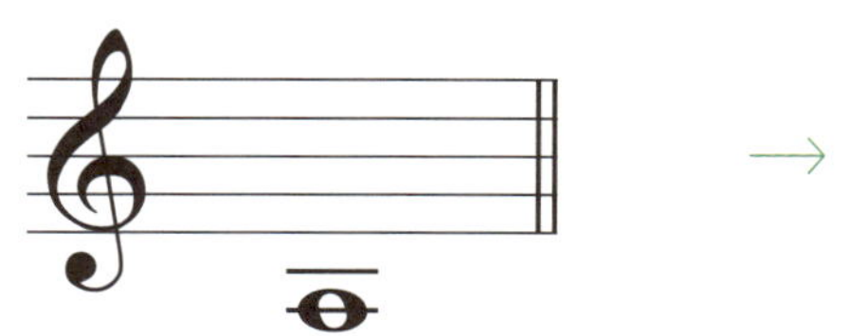

林	林		
임	임		

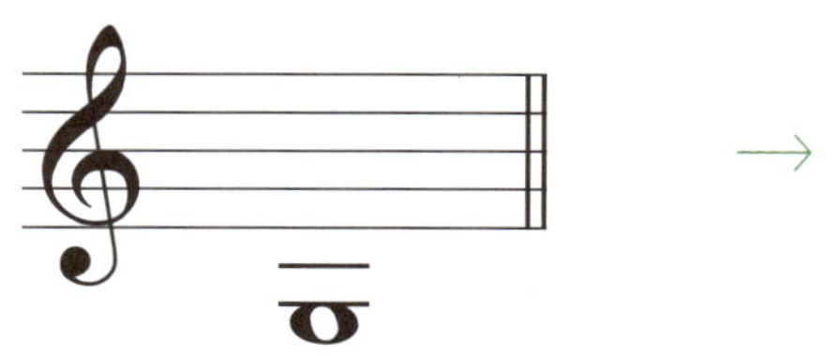

仲	仲		
중	중		

높은 음부터 차례로 율명을 써 보세요.

汰 - 潢 - 無 - 林 - 仲

汰 - 潢 - 無 - 林 - 仲

낮은 음부터 차례로 율명을 써 보세요.

仲 - 林 - 無 - 潢 - 汰

仲 - 林 - 無 - 潢 - 汰

낮은 음 연습

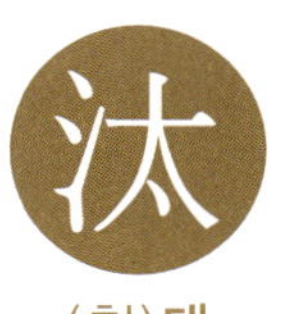

汰
(청)태

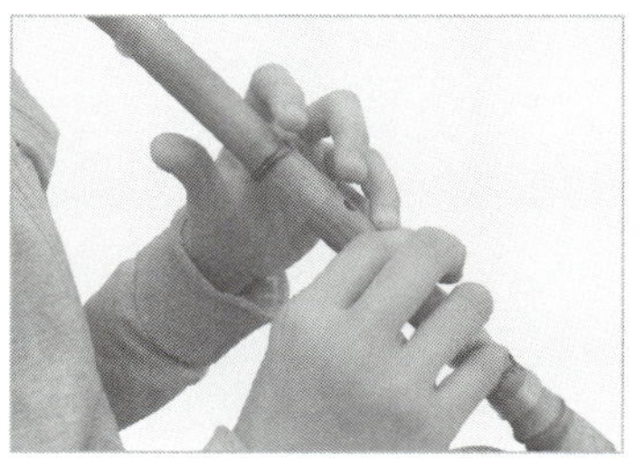

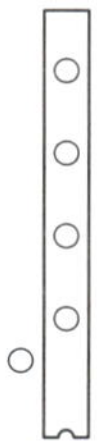

- 지공을 아무것도 막지 않습니다.
- 왼손의 지공을 막지 않는 손가락(네번째, 다섯번째 손가락)은 단소 위와 옆에 가볍게 올려 놓습니다.
- 오른손 엄지와 집게 손가락으로 3지공과 4지공 사이를 가볍게 잡아 단소가 안정되게 합니다.
- 오른손 네번째 손가락과 새끼 손가락을 단소 위에 가볍게 올려 놓습니다.
- 지공 위의 손가락은 2㎝이내로 들고 있습니다.
- 단소를 불기 전에 율명(계이름)을 박자에 맞춰 노래(구음) 해 봅니다.
- 단소를 턱에 고정시키고 불지 않고 손가락 연습만 합니다.
- 운지법을 주의하며 단소를 불어봅니다.
- 소리가 나지 않아도 내리지 않고 입술모양을 바꿔가며 반복 연습합니다.

연습곡 1

汰 태	汰 태	= 𝅝
		(□ = ♩)
汰 태	汰 태	= 𝅝

끝세로줄(곡이 끝나는 곳을 나타냅니다)

연습곡 2

㉡ 오른쪽에서 왼쪽으로 읽지요.

㉠ 정간보는 위에서 아래로

汰 태	汰 태	= 𝅗𝅥
汰 태	汰 태	= 𝅗𝅥
汰 태	汰 태	= 𝅗𝅥
汰 태	汰 태	= 𝅗𝅥

연습곡 3

汰	태	汰	태	= ♩
汰	태	汰	태	= ♩
汰	태	汰	태	= ♩
				← 숨표
汰	태	汰	태	= ♩
汰	태	汰	태	= ♩
汰	태	汰	태	= ♩
汰	태	汰	태	= ♩
汰	태	汰	태	= ♩
汰	태	汰	태	= ♩
汰	태	汰	태	= ♩
汰	태	汰	태	= ♩
△ 쉼표				

- < – **숨표**(빠르게 숨을 쉽니다)
- △ – **쉼표**(박 수 만큼 쉽니다)

연습곡 4

汰	대	汰	대	= ♩.
汰	한	汰	한	= ♩
汰	민	汰	민	= ♩
汰	국	汰	국	= ♩
汰	짝	汰	짝	= ♩
汰	짝	汰	짝	= ♩
汰	짝	汰	짝	= ♩
汰	짝	汰	짝	= ♩
汰	짝	汰	짝	= ♩
△				

(청)황

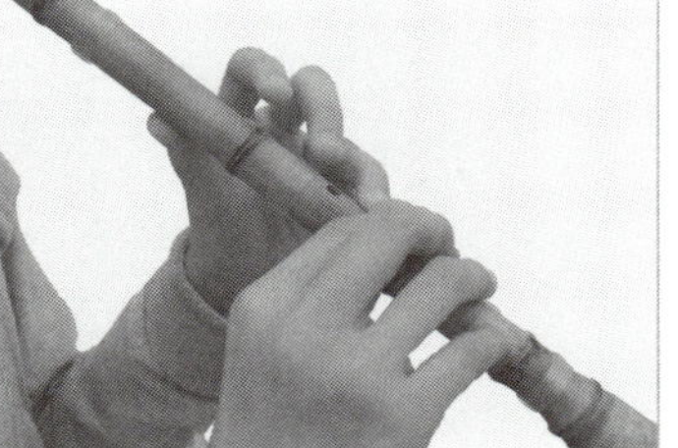

- 왼손 엄지 손가락으로 뒤에 있는 1지공을 가볍게 막습니다.
- 엄지손가락에 너무 힘을 주지 않도록 주의합니다.
- 한곡을 5번 이상씩 천천히 불어봅니다.
- 허리를 펴고 바른 자세로 연습합니다.

연습곡 1

가락	읽기	가락	읽기
潢	황	潢	황
潢	황		
⟵			⟵
潢	황	潢	황
潢	황		
⟵			⟵
潢	황	潢	황
潢	황		
⟵			⟵
潢	황	潢	황
△			

연습곡 2

가락	읽기	가락	읽기
汰	삐	汰	삐
潢	요		
汰	삐	潢	요
潢	요		
⟵			⟵
汰	삐	汰	삐
潢	요		
汰	삐	潢	요
潢	요		
⟵			⟵
汰	삐	汰	삐
潢	요		
汰	삐	潢	요
潢	요		
⟵			⟵
汰	삐	汰	삐
潢	요		
汰	삐	潢	요
潢	요		
⟵			⟵
汰	삐	汰	삐
潢	요		
△		潢	요

연습곡 3

가락	읽기	가락	읽기
汰	가	汰	뒤
潢	볍	潢	에
潢	게	潢	있
汰	막	汰	는
⟵			⟵
汰	으	汰	ㅣ
潢	세	潢	지
汰	요	汰	공
⟵			⟵
潢	잘	潢	막
潢	했	潢	아
潢	습	潢	ㅣ
汰	니	汰	ㅣ
⟵			⟵
潢	다	潢	요
		汰	ㅣ
△			

無
무

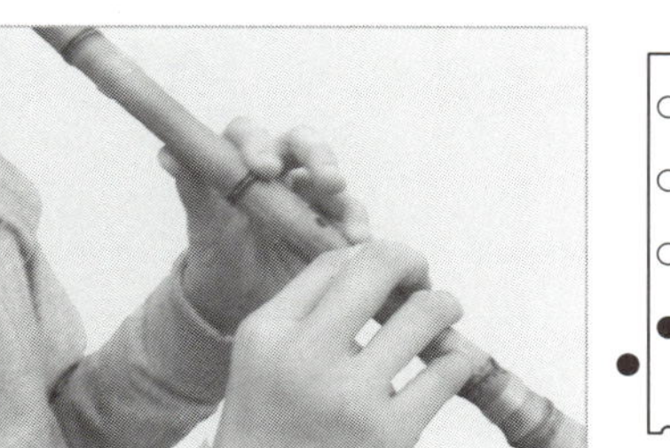

- 제 1지공을 막은 상태(潢)에서 2지공을 왼손 집게 손가락으로 가볍게 막습니다.
- 집게손가락을 너무 세우면 구멍이 제대로 막히지 않아 정확한 음이 나오지 않습니다.
- 구멍을 막을 때에는 손가락 힘을 뺀 상태에서 살짝 갖다 댑니다.

연습곡 1

無	무	無	무
無	무		
無	무	無	무
無	무		
無	무	無	무
無	무		

연습곡 2

汰	태	汰	태
潢	황	潢	황
無	무	無	무
無	무	無	무
無	무	無	무
無	무	無	무
無	무	無	무
		潢	황
		汰	태
△		潢	황

비행기

		汰	하	汰	떳
		一潢	늘	一潢	다
		無	높	無	떳
		潢	이	潢	다
		汰	날	汰	비
		汰	아	汰	행
		汰	라	汰	기
		潢	우	潢	날
		潢	리	潢	아
		汰	비	潢	라
		潢	행		
		無	기	汰	날
				汰	아
				汰	라
		△			

- ⟨비행기⟩를
  외워 불어
  봅니다.

줄넘기

無潢 汰無 潢	문 따 주 세 요	無潢 汰無 潢	손 님 입 니 다	汰 無 潢	똑 똑 똑	= ♪
						= ♪
						= ♪
			―		―	= ♪
汰 無 潢	철 ― 컥	無潢 汰無 潢	들 어 오 세 요	無潢 汰無 潢	누 구 십 니 까	= ♪♪
						= ♪♪
						= ♪♪
△			―		―	= ♪

 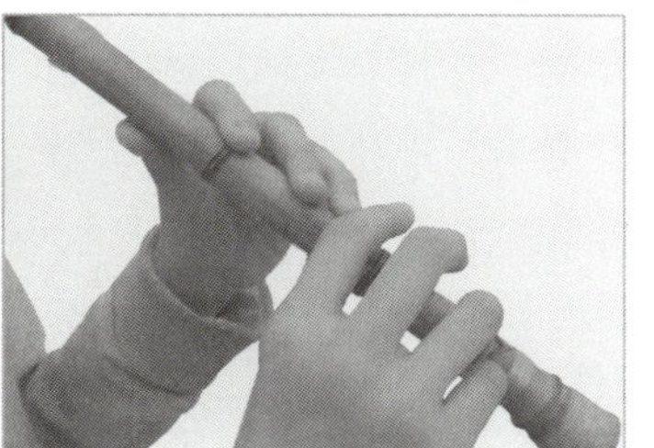

林
임

- 제 1, 2지공을 막은 상태(無)에서 왼손 가운데 손가락으로 3지공을 막습니다.
- 지문의 도톰한 부분으로 가볍게 갖다 댑니다.
- 왼손 네번째 손가락과 새끼 손가락이 단소 밑으로 내려가지 않도록 주의합니다.
- 아래음으로 내려갈수록 아랫배에 힘을 주고 살살 붑니다.

연습곡 1

林	임	林	임
林	임		
林	임	林	임
林	임		
林	임	林	임
林	임		
林	임	林	임
		—	←

연습곡 2

潢	녹	潢	새
林	두	林	야
汰	밭	汰	새
潢	에	潢	야
		←	←
汰	앉	汰	파
潢	지	潢	랑
林	마	林	새
林	라	林	야
		—	←

仲
중

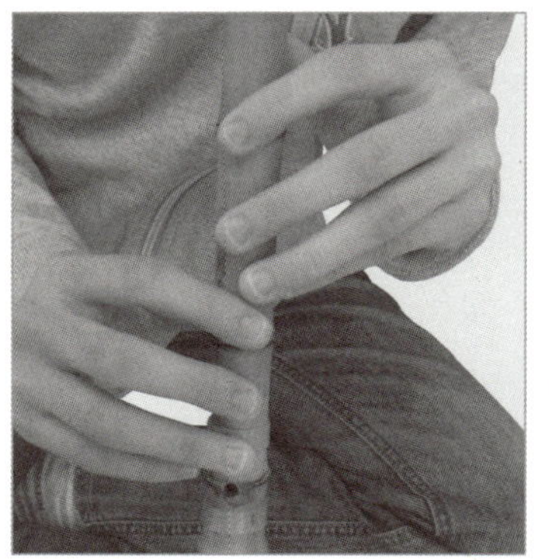

- 제 1, 2, 3지공을 막은 상태(林)에서 오른 손 가운데 손가락으로 4지공을 막습니다.
- 너무 입김을 세게 불어넣으면 '삑' 소리가 나기 쉬우므로 입김을 약하게 붑니다.
- 아랫배에 힘을 주고 복식 호흡합니다.
- 제 4지공을 막을 때에 오른손 가운데 손가락의 나머지 손가락들이 단소밑으로 내려가거나 떨어지지 않도록 주의합니다.

동아따기노래

전래동요

林	씨	林	동
		林	아
林	사	林	사
林	러	林	러
林	갔	林	왔
仲	다	仲	다

꼭꼭 숨어라

전래동요

林	장	林	까	林	꼭	林	꼭
林	독	林	까				
林	대	林	머	林	꼭	林	꼭
林	에	林	리				
林	숨	林	찾	林	숨	林	숨
林	었	林	았	林	어	林	어
仲	네	仲	네	仲	라	仲	라

달아달아		얼레꼴레		아리랑	
	전래동요				우리 나라 민요

달아달아

율명	노랫말	율명	노랫말
無	이	無	달
仲	태	仲	아
潢	백	潢	달
無	이	無	아
潢	놀	潢	밝
無	던	無	은
仲	달	仲	달
仲	아	仲	아

—

얼레꼴레

율명	노랫말	율명	노랫말
汰潢	얼	汰潢	얼
汰	레	汰	레
潢	꼴	潢	꼴
	레		레
林仲	연	林仲	단
林	습	林	소
仲	하	仲	소
	면		리
汰潢	단	汰潢	안
汰	소	汰	난
潢	소	潢	대
	리		요
林仲	난	林仲	어
林	대	林	떡
仲	요	仲	해
△			요

—

아리랑

율명	노랫말	율명	노랫말
無	아	仲	아
一潢	리	一林	리
無潢	랑—	仲林	랑—
汰潢	고—	無	아
無林	개—	一潢	리
仲林	를—	無潢	랑—
無	넘	汰	아
一潢	어	潢汰	라—
無	간	無林	리—
無	다	仲	요
		一林	—
		仲林	—

—

- 〈아리랑〉을 외워 불어 봅니다.

개구리소리

이오덕 사
김영동 곡

仲仲	울어	無	포	汰	도	汰	퍼	林	거	◑	굿거리 장단
仲	라	無	플	汰	랑	汰	런				
				一汰	물			林	뭇	ǀ	
林	개	無	러	汰	옆	汰	못	仲	거	○	
無	구					一潢	자	林	뭇	⋮	
一潢	리					無	리	△			
無	야	潢	신	潢	긴	潢	물	無	숲	○	
						潢	ǀ				
		潢	작	潢	둑	潢	속	潢無	속	ǀ	
		潢	로	汰	따	潢	에	林	에	○	
		潢無	따아	潢	라					⋮	
△		林	라	△		△		△			

• 개구리 울음소리를 소재로 만든 창작 국악 동요입니다.
 굿거리 장단에 맞추어 노래하고 단소로 불어 봅니다.

금다래꿍

전래동요

중모리 장단

가락	노랫말	가락	노랫말	가락	노랫말	가락	노랫말	장단
潢	이	汰	보	潢	금	林仲	금	◐
汰	옥	汰	고	汰汰	다	仲仲	다	
潢無	녀―		―	潢無	래꿍―	一林	래―	―
潢潢	아	汰	지	潢	금	潢	꿍	○
汰	가	汰	고	汰汰	다		―	―
潢無	씨가―		―	潢無	래꿍―		―	―
林仲	보―	潢	보	林仲	금―	林仲	금	○
林仲	고―	潢	고	林仲	다	仲仲	다	○
仲林	지―	汰	지	仲林	라졌―	一林	래―	―
潢	고	潢	고	潢	네	潢	꿍	○
	―		―		―		―	―
	―		―		―		―	―

- 옛날에 서로 사랑하던 이옥녀라는 처녀와 어떤 총각이 부모의 반대로 만나지 못하게 되자 부모 몰래 만나기 위해 금잔디가 닳도록 산길을 오가며 만났는데, 죽어서도 봉우리가 되어 서로 마주보게 되었다는 이야기를 담고 있습니다.

높 은 음 연 습

(청)중

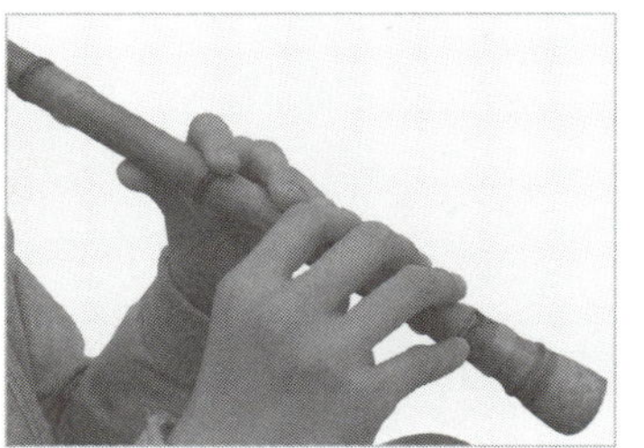

- 운지법은 낮은 음 仲과 같습니다.
- 높은 음을 소리낼 때에는 아랫배에 힘을 주고 입술을 조금 더 옆으로 당기며 입김을 살짝 세게 붑니다.
- 한 옥타브 위의 음을 나타낼 때에는 앞에 氵(삼수변)을 더 써 놓습니다.

우리집에 왜 왔니

전래동요

단소				
無	우	무	꽃	우
無	리	슨	찾	리
無	꽃	꽃	으	집
汰	을	을	러	에
沖	찾	찾	왔	왜
汰	으	으	단	왔
無	러	러	다	니
潢	왔	왔	왔	왜
仲	단	느	단	왔
仲	다	냐	다	니
無	왔	왔	왔	왜
無	단	느	단	왔
無	다	냐	다	니

아리랑

우리 나라 민요

(단소 정간보, 오른쪽에서 왼쪽으로 읽음 — 단소 음 / 노랫말)

① 아리랑 아리랑 아라리요

노랫말	단소 음
아 리 랑 -	仲
	一 林 仲 林
아 리 랑 -	無
	一 潢 無 潢
아 라 - 리 -	汰
	潢 汰 潢 無 林
요 - - -	仲
	一 林 仲 林

② 아리랑 고개로 넘어간다

노랫말	단소 음
아	無
리	一 潢
랑	無 潢
고	汰 潢
개	無 林
로	仲 林
넘	無
어	一 潢
간	無
다	無
	△

③ 나를 버리고 가시는님은

노랫말	단소 음
나	沖
를	沖
버	沖
리	汰
고	潢
가	汰
시 - 는 님 -	潢 汰 潢 無 林
은	仲
- - -	一 林 仲 林

④ 십리도 못가서 발병난다

노랫말	단소 음
십	無
리 도 -	一 潢 無 潢
못 - 가 - 서 -	汰 潢 無 林 仲 林
발	無
병	一 潢
난	無
다	無
△	△

- 潢汰潢 = (셋잇단음표) = ♩ 한 음 한 음 또박또박 연주합니다.
- 수행평가곡 : 수행평가로 항상 빠지지 않고 부는 곡입니다. 단소로 외워 불어봅니다.
- ᄅ ~ ᄁ : 도돌이표(‖: :‖)

淋
(청)임

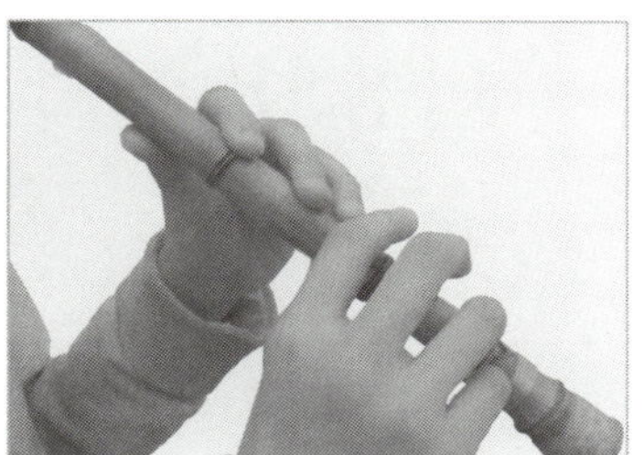

- 운지법은 낮은 음 林 과 같습니다.
- 지공을 막지 않는 손가락은 단소 위에 붙어 있는지 확인합니다.

학교종

김메리 사·곡

㳞	선	㳞	학
㳞	생	㳞	교
淋	님	淋	종
淋	이	淋	이
㳞	우	㳞	땡
㳞	리	㳞	땡
汰	를	汰	땡
㳞	기	㳞	어
汰	다	㳞	서
潢	리	汰	모
汰	신	汰	이
無	다	潢	자
△		△	

새야 새야

전래동요

汰	청	潢	녹	汰	녹	潢	새
淋	포	林	두	淋	두	林	야
汰	장	汰	꽃	汰	밭	汰	새
汰	수	潢	이	汰	에	潢	야
汰	울	汰	떨	汰	앞	汰	파
潢	고	潢	어	潢	지	潢	랑
林	간	林	지	林	마	林	새
潢	다	林	면	林	라	林	야
△		△		△		△	

봄 나들이

윤석중 사
권태호 곡

沖	병	沖	나
汰	아	汰	리
㳖	리	㳖	나
汰	떼	汰	리
沖	쫑	沖	개
淋	쫑	淋	나
㳖	쫑	㳖	리
潕	봄	汰	입
淋	나	沖	에
㳖	들	汰	따
汰	이	無	다
潢	갑	潢	물
汰	니	汰	고
無	다	潢	요

남생아 놀아라

전래동요

汰	촐	淋	남	汰	촐	淋	남
淋	래			淋	래		
汰	촐	淋	생	汰	촐	淋	생
淋	래			淋	래		
汰	가	汰	아	汰	가	汰	아
淋	잘	淋	놀	淋	잘	淋	놀
淋	논	淋	아	淋	논	淋	아
淋	다	淋	라	汰	다	淋	라

작별

스코틀랜드 민요

P1	L1	P2	L2	P3	L3	P4	L4
						仲	오
沖	시	沖	디	沖	별	無	랫
一汰	만	一汰	간	一汰	이	一無	동
汰	날	汰	들	汰	란	無	안
無	그	無	잊	無	왠	汰	사
潢	날	潢	으	潢	말	潢	귀
一無	위	一無	리	一無	인	一無	었
潢	해	潢	요	潢	가	潢	던
汰潢	노—	淋	두	汰潢	가—	汰	정
無	래	沖	터	無	야	無	든
一林	를	一汰	운	一林	만	一無	내
林	부	汰	우	林	하	汰	친
仲	르	沖	리	仲	는	沖	구
無	자	淋	정	無	가	淋	여
—		淋	다	淋	어	淋	작

- 못갖춘마디의 곡입니다. 못갖춘마디의 첫음(仲)은 여리고 짧게 끊어 시작합니다.

도라지 타령

우리 나라 민요

세마치 장단

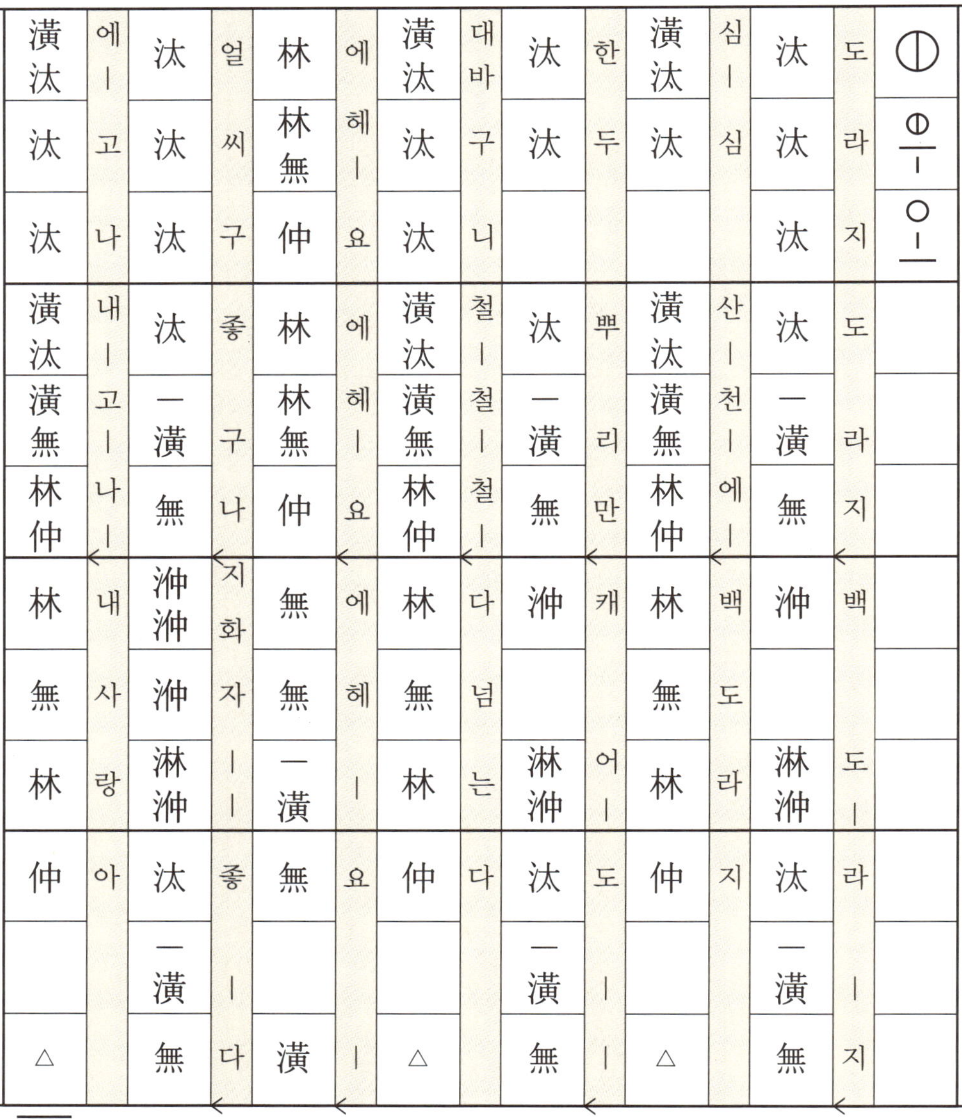

潢汰	에	汰	얼	林	에	潢汰	대	汰	한	潢汰	심	汰	도	○
汰	고	汰	씨	林無	헤	汰	바	汰	두	汰	심	汰	라	⊖
汰	나	汰	구	仲	요	汰	구					汰	지	
潢汰	내	汰	좋	林	에	潢汰	철	汰	뿌	潢汰	산	汰	도	
潢無	고	一潢	구	林無	헤	潢無	철	一潢	리	潢無	천	一潢	라	
林仲	나	無	나	仲	요	林仲	철	無	만	林仲	에	無	지	
林	내	沖沖	지	無	에	林	다	沖	캐	林	백	沖	백	
無	사	沖沖	화	無	헤	無	넘	沖	어	無	도		도	
林	랑	淋沖	자	一潢	요	林	는	淋沖	라	林	라	淋沖	도	
仲	아	汰	좋	無	요	仲	다	汰	도	仲	지	汰	라	
		一潢	다	無				一潢	도			一潢	지	
△		無	다	潢	一	△		無	一	△		無	지	

- 수행평가곡 – 초등학교 · 중학교 수행평가로 많이 부는 곡입니다.
  선생님의 연주를 듣고 연습해 봅시다.

천안 삼거리

우리 나라 민요

												굿거리 장단
無	성	潢	에	無	축	汰	제	無	능	無	천	◐
無	화	一無	루	無	늘	汰	멋	無	수	無	안	
汰	가	林	화	汰	어	汰	에	汰	야	汰	｜	｜
潢	났	潢	에	潢	졌	汰	겨	潢	버	潢	삼	○
一無	구	一無	루	一無	구	一潢	｜	一無	들	一無	거	⋮
林	나	林	화	林	나	沖	워	林	은	林	리	
林	흥	潢	흥	無	흥	汰	서	林	흥	潢	흥	○
無	｜				｜			無	｜		｜	｜
林	｜	汰	｜		｜		｜	林	｜	汰	｜	○
		潢	｜			潢	｜			潢	｜	⋮
△		汰	｜｜	△		汰	｜｜	△		汰	｜｜	

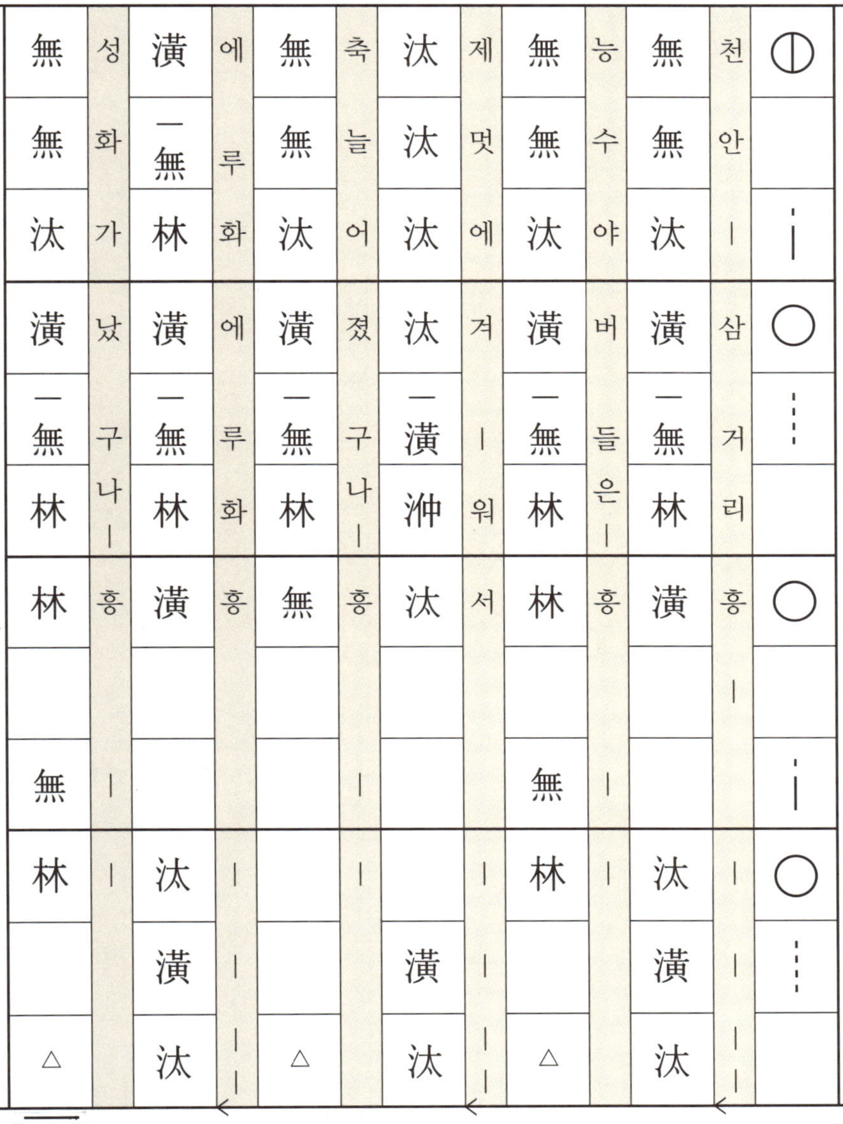

• 수행평가곡 – 초등학교·중학교 수행평가로 많이 부는 곡입니다.
  선생님의 연주를 듣고 연습해 봅시다.

潕
(청)무

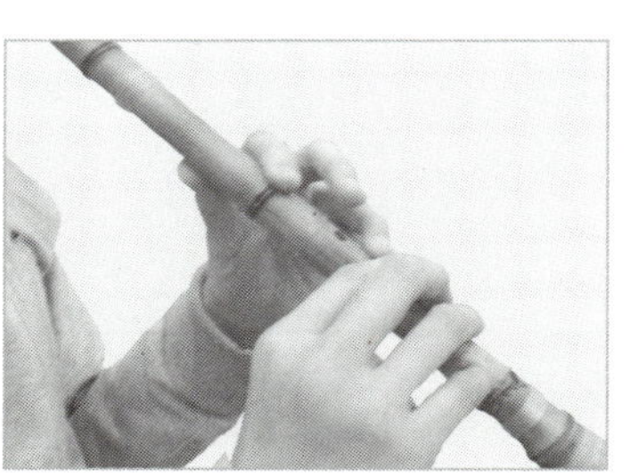

• 운지법은 낮은 음 無 와 같습니다.

둥개둥개둥개야

전래동요

潕	구두	汰	날둥
潕	름둥		
		汰	아개
汰	밑둥	淋	가둥
汰	에개	淋	는개
淋	신둥	淋	학둥
淋	선개	淋	선개
淋	아야	淋	아야
		潕	｜｜
△			

두꺼비

전래동요

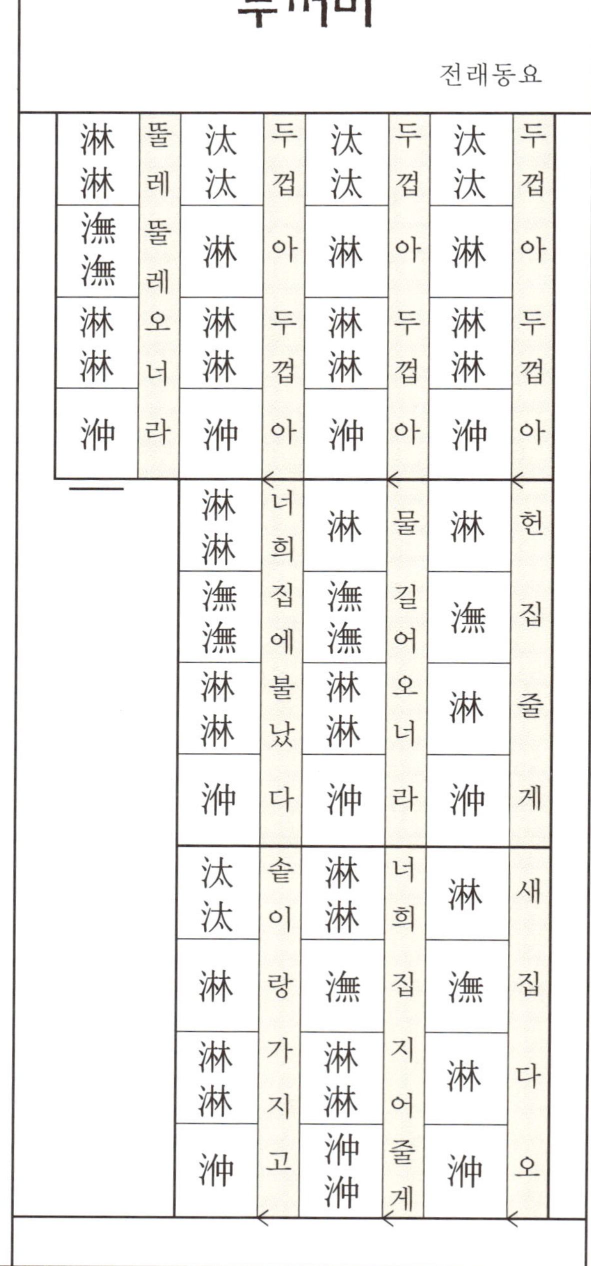

淋淋	뚤	汰汰	두	汰汰	두	汰汰	두
潕潕	레뚤	淋	껍	淋	껍	淋	껍
淋淋	레오	淋淋	아두	淋淋	아두	淋淋	아두
㳞	너라	㳞	껍아	㳞	껍아	㳞	껍아

淋淋	너희	淋	물	淋	헌
潕潕	집에	潕潕	길어	潕	집
淋淋	불났	淋淋	오너	淋	줄
㳞	다	㳞	라	㳞	게

汰汰	솥이	淋淋	너희	淋	새
淋	랑가	潕	집지	潕	집
淋	지고	淋淋	어줄	淋	다
		㳞㳞	게	㳞	오

나물노래

전래동요

느린 자진모리 장단

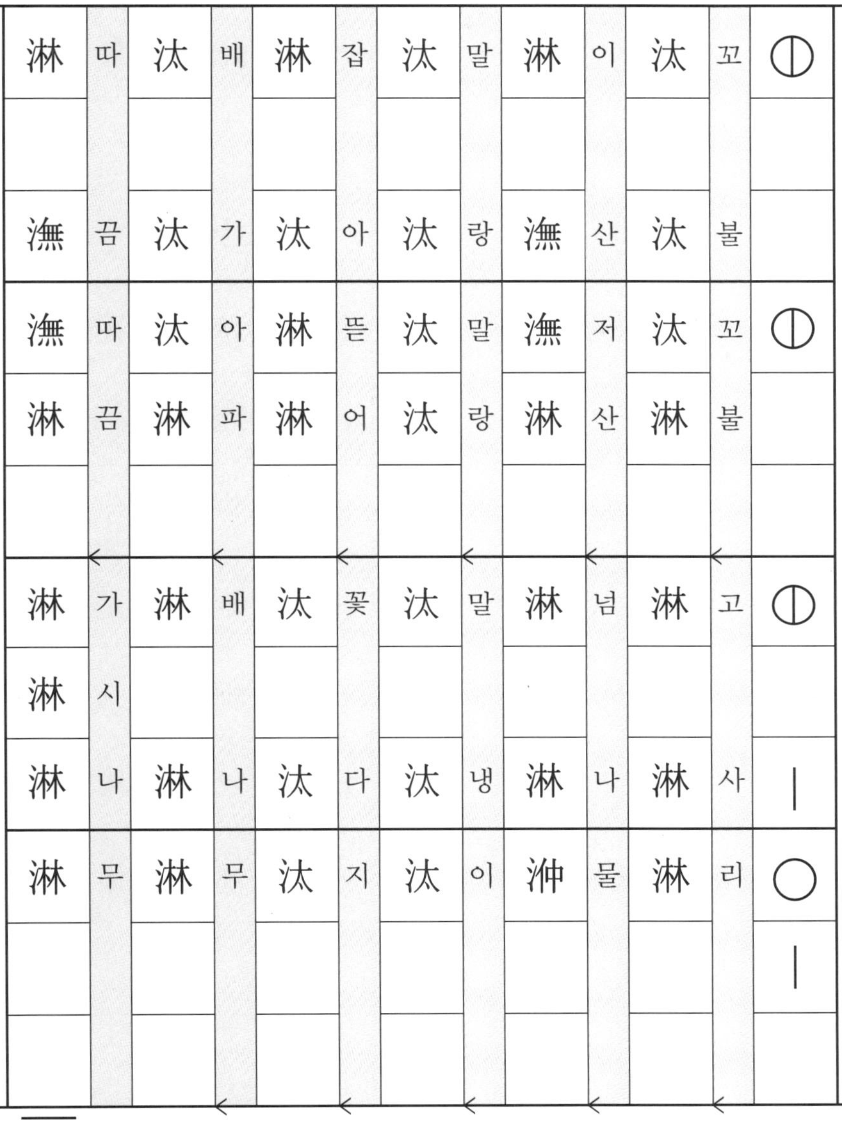

淋	따	汰	배	淋	잡	汰	말	淋	이	汰	꼬	◐
無	곰	汰	가	汰	아	汰	랑	無	산	汰	불	
無	따	汰	아	淋	뜯	汰	말	無	저	汰	꼬	◐
淋	곰	淋	파	淋	어	汰	랑	淋	산	淋	불	
淋	가	淋	배	汰	꽃	汰	말	淋	넘	淋	고	◐
淋	시											
淋	나	淋	나	汰	다	汰	냉	淋	나	淋	사	│
淋	무	淋	무	汰	지	汰	이	冲	물	淋	리	○ │

• '꽃다지'는 오이, 가지 따위의 맨 처음 열매를 말합니다.

매롱이 소리

전래동요

중중모리 장단

1	2	3	4	5	6	7	8	9	10	장단
淋 매	汰 매	汰 강	汰 산	淋 바	汰 산	淋 저	淋 니	潕 순	淋 매	(│)
淋 롱	淋 롱	淋 변	淋 중	淋 다	淋 중		淋 가		淋 롱	│
淋 매	淋 매	淋 에	淋 에	淋 에	淋 에	淋 산	潕 어	淋 달	淋 매	○
汰 애						潕 중	淋 디		汰 애	│
汰 롱	汰 롱	汰 는	汰 는	汰 는	汰 는	淋 에	淋 서	㳞 래	汰 롱	│
汰 맴	汰 맴	淋 돌	汰 나	淋 물	淋 골	淋 자	淋 자	汰 모	汰 맴	○
			汰 무			汰 고	淋 랐			○
淋 매	淋 매	淋 도	淋 도	淋 도	淋 도	汰 났		淋 실	淋 매	│
淋 롱	淋 롱	淋 많	淋 많	淋 많	淋 길	淋 네	淋 노	淋 래	淋 롱	○
		淋 다	淋 다	淋 다	淋 다					○

• '매롱이'는 경상북도에서 매미를 일컫는 말입니다.

반달

윤극영 사·곡

沖	서	潕	가	汰	삿	汰	돛	林	토	沖	계	林	하	沖	푸
汰	ㅣ														
無	쪽			潢	대			無	끼	淋	수	無	얀	淋	른
仲	나	沖	기	汰	도	汰	대	仲	한	沖	나	潢	쪽	沖	하
潢	라	沖	도	淋	없	潢	도	潢	마	汰	무	沖	배	汰	늘
無	로	汰	잘	沖	이	汰	아	無	리	沖	한	汰	에	沖	은
						汰	니			汰	ㅣ			汰	ㅣ
		汰	도			淋	달			無	나			無	하
		淋	간			沖	고			仲	무			仲	수
△		淋	다	△				△				△			

산도깨비

조광재 사 · 곡

																장단	굿거리 장단
潢	꽁	淋淋	걸음	汰	가	潢	저	潢	방	仲	머	潢	깊	仲	달	◐	굿거리 장단
		淋	아					一潢	망	一林	리						
潢	지			汰	습	潢	산	潢	이	仲	에	潢	은	林	빛	│	
潢	빠			汰	소	潢	도	潢	들	無	뿔	潢	산	無無	어	○	
一無	지			一潢	리	一無	깨	一無	고	無	달			無	스	┆	
林	게			無	는	林	비	林	서	無	린	汰	길		름		
仲	도	潕潕	날살	潢	콩	潢	날	仲	에	潢	도	潢	걸	潢	한	○	
一林	─	潕潕	려라			一無	잡	一林	루	汰潢	깨	一無	어	汰潢	밤		
仲	망	潕	아	無	당	林	아	仲	화	無	비	林	가	無	중	│	
無	갔			潢	콩	無	갈	無	둥	無	가	仲	다	無	에	○	
無	네			沖	당	潢	까	無	둥							┆	
△								△									

• '걸음아~' 부분에서 오랜 박자를 단소로 불기 위해선 세게 불지 않고 최대한 입김을 아껴 붑니다.

봄이가고 여름오면

권덕원 사·곡

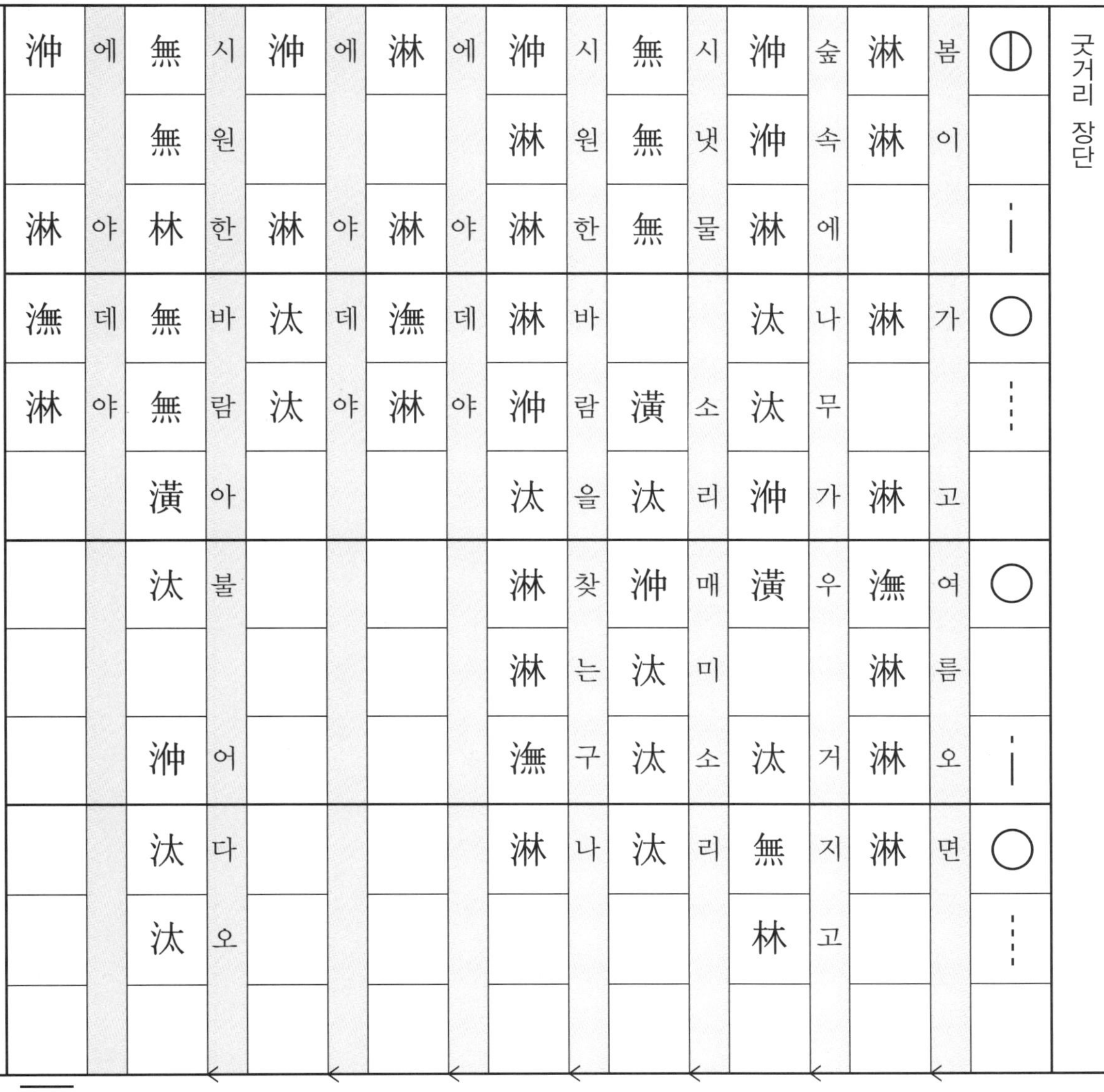

																굿거리 장단
沖	에	無	시	沖	에	淋	에	沖	시	無	시	沖	숲	淋	봄	◐
		無	원					淋	원	無	냇	沖	속	淋	이	
淋	야	林	한	淋	야	淋	야	淋	한	無	물	淋	에			|
潕	데	無	바	汰	데	潕	데	淋	바			汰	나	淋	가	○
淋	야	無	람	汰	야	淋	야	沖	람	潢	소	汰	무			⋮
		潢	아					汰	을	汰	리	沖	가	淋	고	
		汰	불					淋	찾	沖	매	潢	우	潕	여	○
								淋	는	汰	미			淋	름	
		沖	어					潕	구	汰	소	汰	거	淋	오	|
		汰	다					淋	나	汰	리	無	지	淋	면	○
		汰	오									林	고			⋮

• '에야데야~' 부분에서 최대한 입김을 아껴 연주합니다.

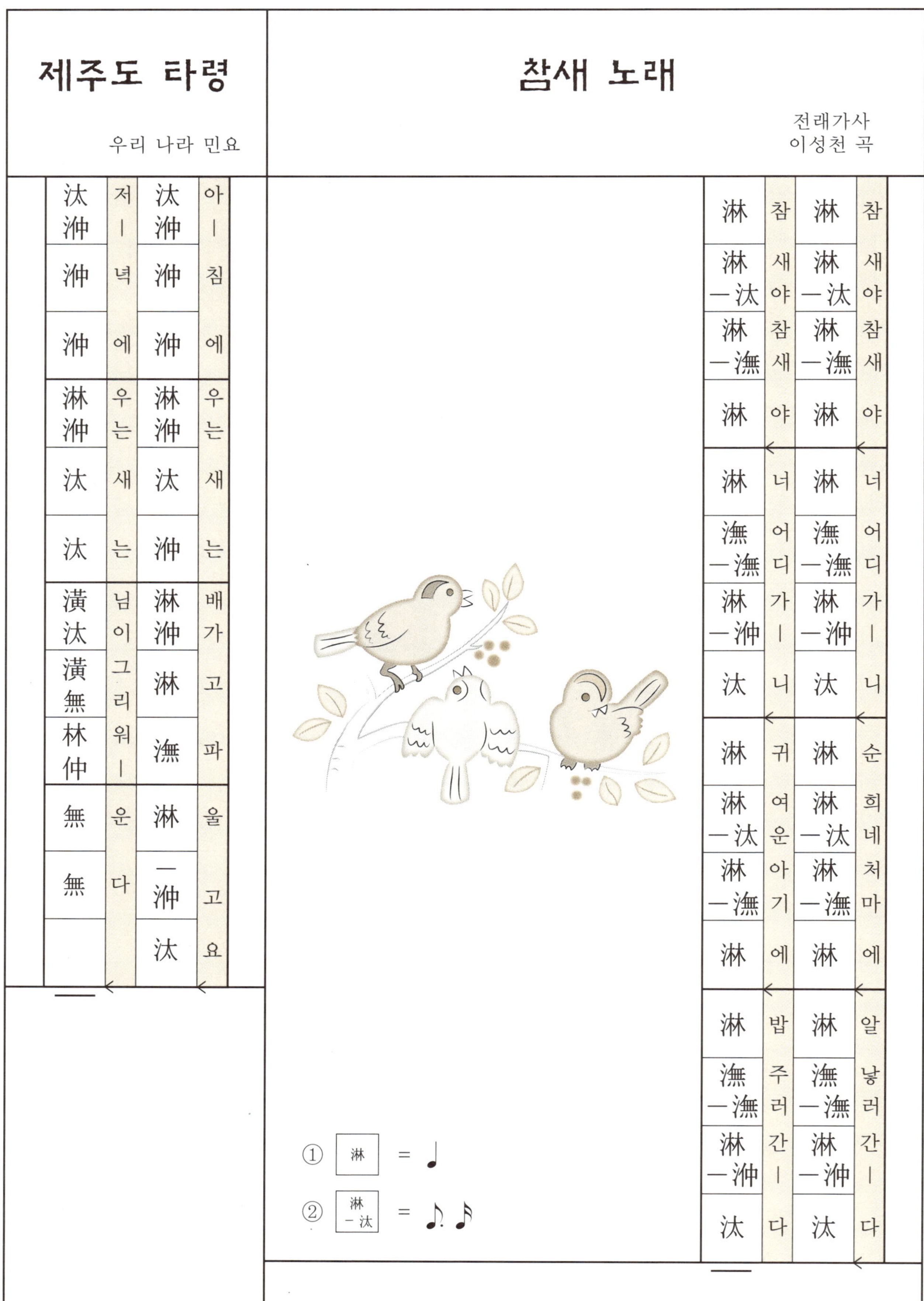

제주도 타령
우리 나라 민요
참새 노래
전래가사
이성천 곡
아침에 우는 새는 배가 고파 울고요
저녁에 우는 새는 님이 그리워 운다
참새야 참새야 너 어디가니 순희네 처마에 알 낳러 간다
참새야 참새야 너 어디가니 귀여운 아기에 밥 주러 간다
① 淋 = ♩
② 淋汏 = ♪♪

귀뚜라미 노래잔치

어효선 사
이계석 곡

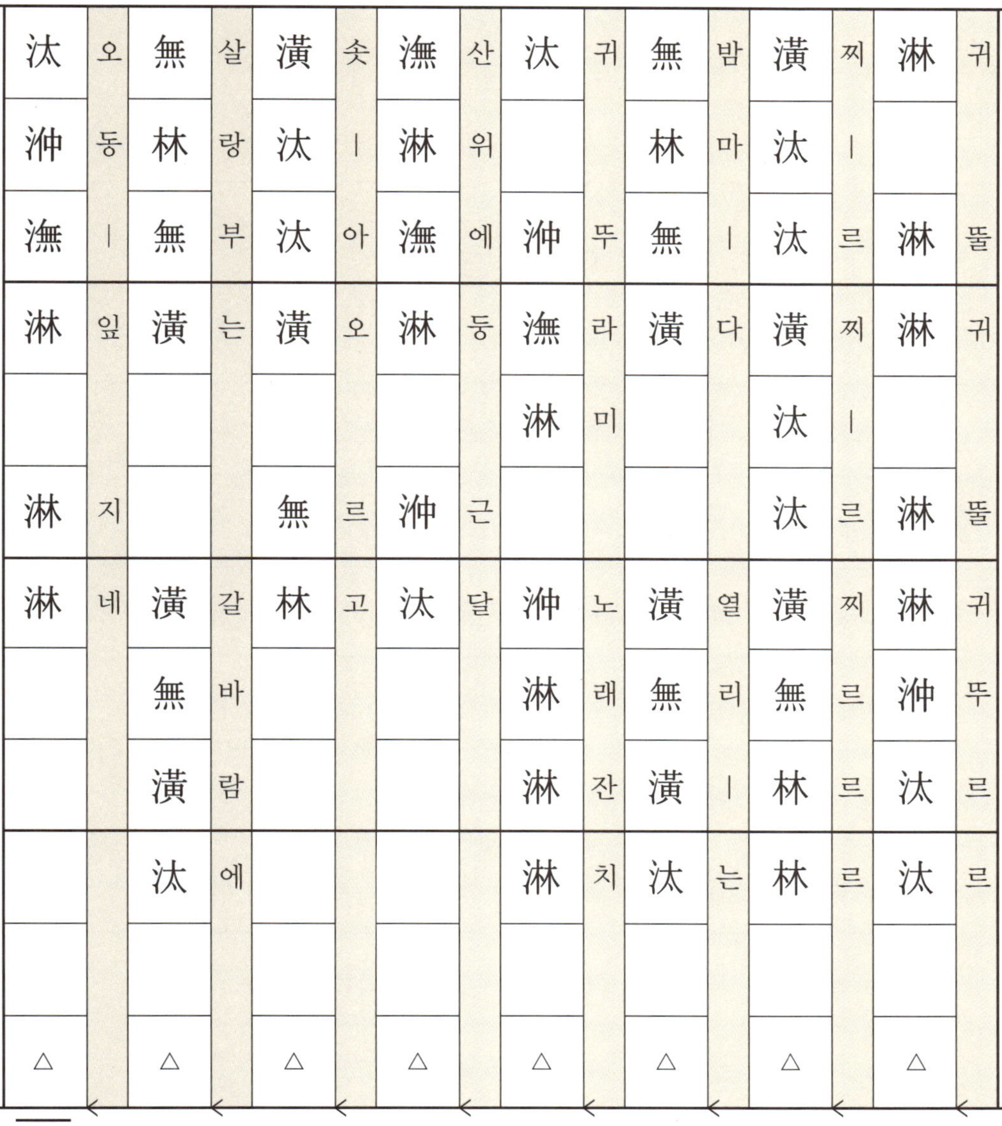

汰	오	無	살	潢	솟	潕	산	汰	귀	無	밤	潢	찌	淋	귀
沖	동	林	랑	汰	ㅣ	淋	위			林	마	汰	ㅣ		
潕	ㅣ	無	부	汰	아	潕	에	沖	뚜	無	ㅣ	汰	르	淋	뚤
淋	잎	潢	는	潢	오	淋	둥	潕	라	潢	다	潢	찌	淋	귀
								淋	미			汰	ㅣ		
淋	지			無	르	沖	근					汰	르	淋	뚤
淋	네	潢	갈	林	고	汰	달	沖	노	潢	열	潢	찌	淋	귀
		無	바					淋	래	無	리	無	르	沖	뚜
		潢	람					淋	잔	潢	ㅣ	林	르	汰	르
		汰	에					淋	치	汰	는	林	르	汰	르
△		△		△		△		△		△		△		△	

• 느낌을 살려 천천히 연주해 봅시다.

- 똑같은 음이 여러번 반복해 나올 때는 한 음 한 음 끊어 불지 않고 서양 음악에서 '텅잉'하는 것처럼 혀를 이용하여 '트트트' 혀치기를 합니다.
- 단소를 불기 전 먼저 구음으로 '트트트'를 여러 번 반복하여 소리내어 보고 익숙해진 후 단소를 연주합니다.
- 혀 끝이 윗이빨 뒷천장을 '트트트' 치도록 연습해 봅시다.

대문놀이

전래동요

汰	덜	淋	문	汰	동	淋	어	汰	열	淋	문	=트
		淋	지			淋				淋	지	=트
汰	커	淋	기	汰	대	淋	떤	汰	쇠	淋	기	=트
汰	덩	淋	문	汰	문	淋	대	汰	없	淋	문	=트
		淋	지			淋	문			淋	지	=트
淋	떵	淋	기	淋	에	淋	에	淋	어	淋	기	
淋	열	潕	문	淋	들	潕	들	淋	못	潕	문	
		淋	열			淋	어	淋	열	淋	열	
淋	렸	潕	어	淋	어	潕	갈	淋	겠	潕	어	
淋	다	淋	라	淋	가	淋	까	淋	네	淋	라	
△		沖	─			沖	─			沖	─	

곰 세마리

작사 · 작곡 미상

곰 세마리 정간보 (오른쪽에서 왼쪽으로 읽음)

① 곰 세마리가 한 집에 있어 아빠곰 엄마곰 애기곰

율명	노랫말
無	곰
無無	세
無	마
無	리
汰	가
沖沖	한
沖沖	집에
汰	있
無	어
沖沖	아빠
汰	곰
沖沖	엄마
汰	곰
無	애
無	기
無	곰

② 아빠곰은 뚱뚱해 엄마곰은 날씬해

율명	노랫말
沖	아
沖	빠
汰	곰
無	은
沖	뚱
沖	뚱
沖	해
沖	엄
沖	마
汰	곰
無	은
沖	날
沖	씬
沖	해

③ 애기곰은 너무 귀여워 으쓱으쓱 잘한다

율명	노랫말
沖	애
沖	기
汰	곰
無	은
沖沖	너무
沖淋	귀여
沖	워
潕	으
沖	쓱
潕	으
沖	쓱
汰	잘
潢	한
無	다

늘리리야

우리 나라 민요

율명	노랫말	율명	노랫말	율명	노랫말	굿거리 장단
無	닐	汰	니	淋	닐	⦶
		汰	나	淋	리	
		一汰	노	淋	리	│
仲	닐	汰沖	난─	沖	야	○
無	리	汰潢	실─			⋮
汰潢	리─	無	로			
無	닐	潢汰	내가	淋	닐	○
潢無	리─	潢無	돌아	潕	리	
林	리	林	간	淋	리	│
仲	야	仲	다	沖	야	○
		一林	─			⋮
△		仲林	─	淋沖	─	

• 수행평가곡 —한 음 한 음 또박또박 충분히 연습합니다.

고사리 꺾자

전래동요

정간보 (오른쪽 세로 칸 제목: 자진모리 장단)

																장단
汰	우	淋	앞	汰	고	淋	꺾	汰	아	淋	유	汰	나	汰	고	◐
		淋	동	汰	사			汰	장					汰	사	
汰	리	淋	산	汰	리					淋	자	淋	무	汰	리	
汰	아	淋	고	汰	대	淋	자	汰	장	淋	꽁	汰	대	汰	대	○
		淋	사	淋	사							淋	사	淋	사	
汰	빠	淋	리	汰	리			淋	장	淋	꽁	汰	리	汰	리	
淋	반	潕	꺾	淋	꺾	淋	꺾	淋	벌	潕	재	淋	꺾	淋	꺾	○
汰	찬	淋	ㅣ							淋	미					
淋	하	潕	어			汰	ㅣ	淋	이	潕	나					ㅣ
淋	세	淋	다	汰	자	淋	자	淋	여	淋	넘	汰	자	淋	자	○
		汰	ㅣ							汰	ㅣ					
△		淋	가							淋	자					

- 수행평가곡 – 자진모리 장단에 맞추어 연주해 봅시다.
- 〈강강술래〉놀이의 하나입니다.

높은 음 연습

潢
(중청)황

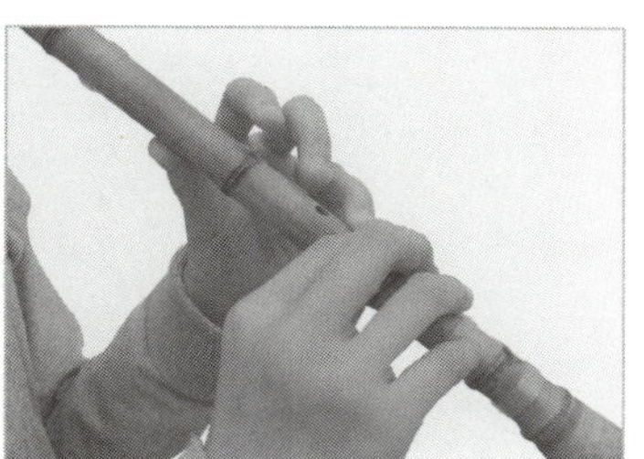

- 운지법은 낮은 음 潢 과 같습니다.
- 세게만 불면 머리가 금방 어지럽습니다. 아랫배에 힘을 주고 입술을 최대한 주름이 없이 양 옆으로 땡겨 불면 굳이 세게 불지 않아도 잘 낼 수 있습니다.

이거리 저거리 각거리

전래 동요

淋	총	汰	조	淋	천	汰	이	◐	자진모리 장단
		'				汰	거		
沖	｜	汰	리	潕	사	汰	리		
汰	채	汰	김	潢	만	汰	저	○	
				潕	｜	汰	거		
淋	비	汰	치	淋	사	汰	리		
淋	파	淋	장	淋	다	淋	각	○	
淋	리			淋	만				
		淋	독	沖	｜	淋	거	｜	
淋	딱	淋	간	汰	사	淋	리	○	
△		△		△		△			

도깨비나라

작사 · 작곡 미상

가락	노랫말	가락	노랫말	가락	노랫말
汰	금	潕	방	無	이
一沖	나	潢	망	汰	상
淋	와	潕	이	沖	하
沖	라	淋	로	淋	고
汰	뚝	沖	두	沖	아
沖	ㅣ	淋	드	汰	름
沖	딱	沖	리	潢	다
		汰	면	無	운
汰	은	潢	무	汰	도
一沖	나	淋	엇	沖	깨
淋	와	沖	이	潕	비
沖	라	汰潢	될ㅣ	淋	나
汰	뚝	無	까	沖	라
潢	ㅣ				
無	딱				
		△		△	

산할아버지

김창훈 사 · 곡

가락	노랫말	가락	노랫말
沖	살	沖	산
潢淋	금	沖沖淋	할
沖	살	沖	아
	금		버
			지
沖淋沖	다ㅣ	沖淋沖	구
汰潢	가	汰潢	름
無	가	無	모
	서		자
			썼
			네
潢潢	구	無	나
潢汰	름	無潢	비
沖	모	無	같
汰潢	자		이
無	벗	無潢無	훨ㅣ
	겨	淋沖	훨
	오	汰	날
△	지		아
			서

싸름

우리 나라 민요

중중모리 장단

淋	다	潢	싸	潢潢	싸름	潢	싸	◐
潕	녹		ㅡ	潢	우		ㅡ	
		潢林	름ㅡ	汰	는	潕淋	름ㅡ	│
淋	여	潢	싸	淋	소	潢	싸	○
潕	ㅡ			淋	리			│
		汰	름	淋	가	潕淋	름	│
淋汰	낸	潢	내	淋無	귓ㅡ	淋無	느티	○
潢	ㅡ	汰	맘	無	가	無	나	
汰	ㅡ	汰	도	淋	에	淋	무	│
潢	다	淋	살	汰潢	들ㅡ	汰潢	밑ㅡ	○
				汰	리	汰	ㅡ	│
△		淋	살	潢	네	潢	에	│

• 황해도 전통 민요의 하나로 〈싸름타령〉이라고도 합니다.
  '싸름'은 쓰르라미의 방언입니다.

(중청)태

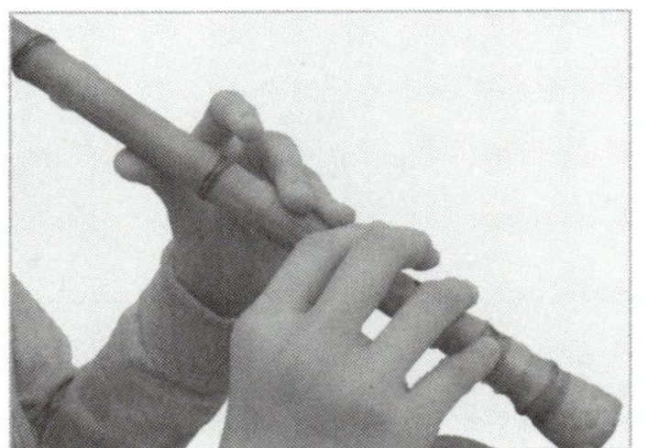

- 다른 율명은 낮은 음과 높은 음 운지가 똑같으나 높은 음 汰만 운지법이 틀린 것에 주의합니다.
- 뒤에 있는 1지공과 3지공을 막고 살짝 세게 붑니다.

풍년가

우리 나라 민요

潕	풍	沖	금	汰	풍	潕	풍	◐	굿거리 장단
		淋 沖	ㅣ ㅣ						
		沖	수					ㅣ	
潕	년			潢	년	潢	년	○	
				一 潕	ㅣ	一 潕	ㅣ	⋮	
汰 潢	이 ㅣ			汰	이	汰	이		
潕	왔	潕	강	淋	왔	沖	왔	○	
潢 潕 淋 沖	ㅣ ㅣ ㅣ	潢	산	沖	ㅣ	淋 沖	ㅣ		
		汰	ㅣ	潕	ㅣ	潕	ㅣ	ㅣ	
潕	네	潕	에	沖	ㅣ	潢	네	○	
		潢 潕	ㅣ	淋 沖	네			⋮	
		淋 沖	ㅣ	汰 潢	ㅣ				

꼬방꼬방

전래동요

중중모리 장단

沖	풀	汰	꽃	沖	모	沖	꼬	◐
		汰	잎			沖	방	
無	잎			無	래			|
無	따	汰	따	無	알	無	꼬	○
沖	ㅣ	潢	다	沖	ㅣ	無	방	|
無	서			無	로	沖	ㅣ	|
沖	국	無	전	沖	밥	無	장	○
沖	끓	無	부	沖	을	無	꼬	
沖	이			沖	짓			|
沖	자	汰	치	沖	고	汰	방	○
		潢	고			潢	에	|
								|

자장가

전래동요

중중모리 장단

淋	자	汰	자	潕	우	汰	꼬	淋	자	汰	자	Ⓘ
淋	장	汰	장	淋	리	潢	꼬	淋	장	汰	장	
												ㅣ
淋	자	淋	자	淋	아	潢	닭	淋	자	淋	자	○
潕	장	淋	장	潕	기	潢	아	潕	장	淋	장	ㅣ
						潕	ㅣ					ㅣ
淋	잘	淋	우	淋	잠	潕	우	淋	우	潕	우	○
淋	도	淋	리	淋	을	淋	지	淋	리	淋	리	
沖	ㅣ			沖	ㅣ			沖	ㅣ			ㅣ
汰	잔	淋	아	汰	깰	淋	마	汰	아	淋	아	○
汰	다	沖	기	汰	라	潕	라	汰	기	潕	기	ㅣ
												ㅣ

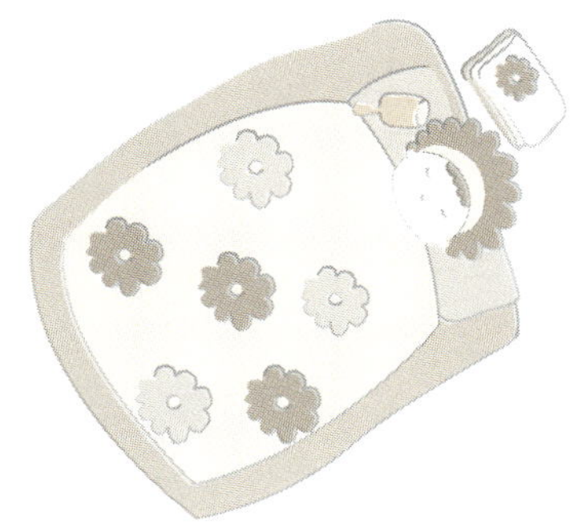

1. 민요 〈아리랑〉을 단소로 외워 연주해 봅니다. (10점 만점에 ⇨   점)

- 바람소리가 많이 안나고 고운소리를 내는가   (매우잘함   잘함   보통   노력요함)
- 정간보 박자가 잘 맞는가   (매우잘함   잘함   보통   노력요함)
- 단소 음정이 잘 맞는가   (매우잘함   잘함   보통   노력요함)
- 손 모양의 자세는 바른가   (매우잘함   잘함   보통   노력요함)
- 바른 자세로 연주하는가   (매우잘함   잘함   보통   노력요함)

2. 맞는 것끼리 연결해 보세요.

3. 지공을 막는 손가락을 쓰세요.

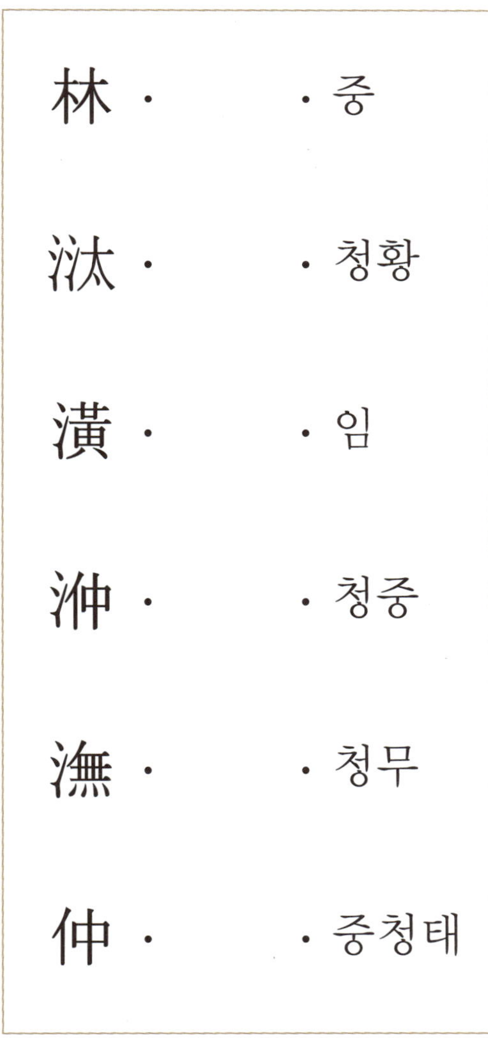

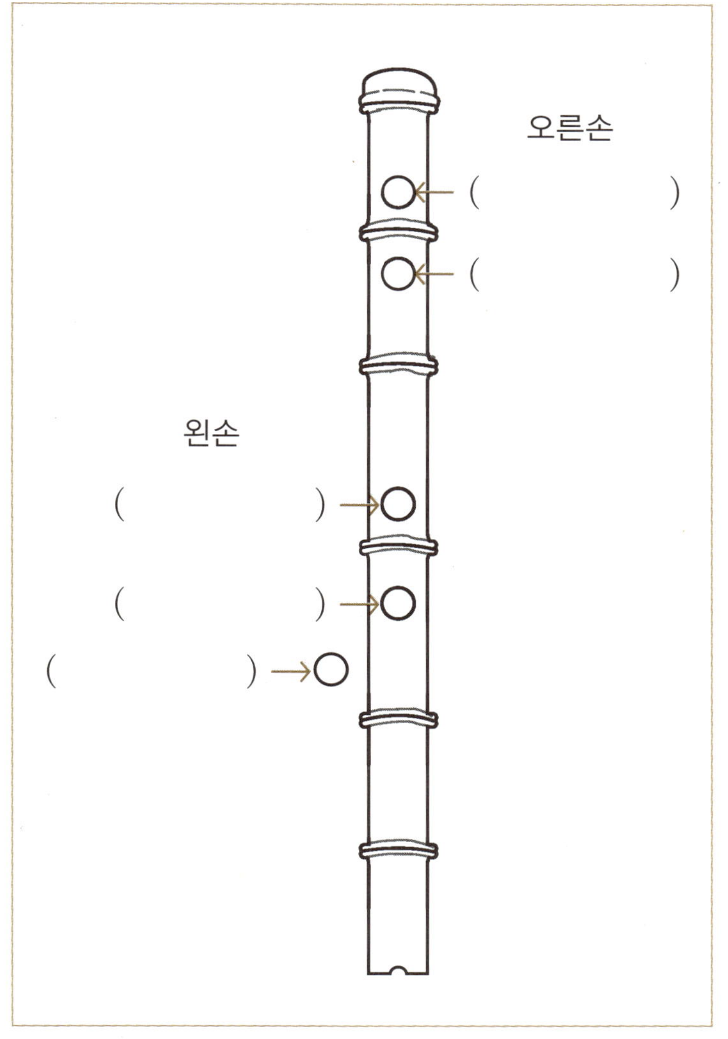

단소 보관법

1. 단소는 다른 악기에 비해 온도나 습도에 따라 변화가 있을 수 있으므로 주의하여 정성껏 관리해야 합니다.
2. 연주 후에는 악기 안에 침이 맺혀 있으므로 반드시 악기 닦는 기구로 닦아 줍니다.
3. 직사광선이나 너무 낮거나 높은 온도는 피해야 합니다.
4. 악기를 떨어뜨리거나 충격이 가지 않게 주의합니다.
5. 단소 케이스에 넣어 온도나 습도의 변화가 심하지 않은 곳에 보관합니다.
6. 적당한 습도는 60%이고, 온도는 15~20℃가 좋습니다.

3. 단소 중급편

기본 5음외에 南, 湳, 㳞 이 나오는
동요 및 전래동요와 민요 모음

1. 첫번째 운지법

- 무(無)와는 반음 차이이며 음정이 불안할 수 있으므로 주의해서 불어야 합니다.

- 1지공과 2지공을 막고 3지공을 반구멍을 막지만 꼭 반을 막으려고 하지 말고 3지공을 조금 가려준다는 느낌으로 불어야 깨끗한 소리가 납니다. 왼손 가운데 손가락의 첫번째 마디 부분을 3지공 옆에 붙입니다. 손가락 끝은 하늘 위를 보고 있습니다.

- 운지는 연주자에 따라 조금씩 틀리지만, 손가락을 세워 구멍의 반을 막을 경우 손가락이 불편해서 박자가 늦어지게 되고 지공을 여는 불필요한 소리가 들릴 수 있습니다.

- 살살 불면 낮은 음, 세게 불면 높은 음입니다.

2. 두번째 운지법

- 제1지공, 2지공, 4지공을 막습니다.(다 막은 상태에서 3지공만 엽니다.)

- 이렇게 막을 경우 낮은 음은 잘 나지만 높은 음은 악기에 따라 소리내기 힘든 경우가 많습니다. 그리고 음정을 조절할 수 없기 때문에 필자는 첫 번째 운지법으로 통일하여 연습하는 것이 좋다고 봅니다.

잠자리

백약란 사
손대업 곡

정간보 (왼쪽→오른쪽 칸: 율명·가사 / 오른쪽에서 왼쪽으로 읽음)

첫째 장단

율명	가사	율명	가사	율명	가사
汰	잡	潕	살	汰	잠
無潢	다가			無潢	자리
汰	날	湳	금	汰	날
沖	려			沖	아
潢	버	淋	살	潢	다
潢	렸			潢	니
潢	다	沖	금	潢	다
△				△	

둘째 장단

율명	가사	율명	가사	율명	가사
汰	짖	潕	바	汰	장
無潢	다가			無潢	다리
汰	날	淋	둑	汰	꽃
沖	려			沖	에
淋	버	淋	이	淋	앉
湳	렸			淋	았
潕	다	沖	가	淋	다
△				△	

고향의 봄

이원수 사
홍난파 곡

첫째 장단

율명	가사	율명	가사	율명	가사	율명	가사
湳	그	林	울	湳	복	潢	나
湳	속	林	굿	湳	숭	潢	의
淋	에	南	불	淋	아	南無	살—
淋	서	仲	굿	淋	꽃	潢	던

둘째 장단

율명	가사	율명	가사	율명	가사	율명	가사
沖	놀	林	꽃	沖	살	汰	고
淋沖	던—			淋沖	구—	汰	향
汰	때	南	대	汰	꽃	潢	은
汰	가	潢	궐				

셋째 장단

율명	가사	율명	가사	율명	가사	율명	가사
潢	그	汰	차	潢	아	潢	꽃
潢	립	沖	리	潢	기	沖	피
潢	습	湳	인	潢	진	湳	는
南林	니—	淋沖	동—	南林	달—	淋沖	산—
仲	다	淋	네	仲	래	淋	골
△		△		△		△	

섬집아기

한인현 사
이흥렬 곡

仲	잠	沖	팔	淋	자	潢	바	汰	집	仲	아	汰	굴	仲	엄
		汰	베			潢	다			無	기			無	마
無	이	潢	고	淋	장	潢	가	無	을	潢	가	無	따	潢	가
南	듭	無	스	沖	노	無	불	潢	보	汰	혼	潢	러	汰	섬
無	ㅣ	潢	르			潢	러	林	ㅣ	潢	자	無	ㅣ	潢	그
潢	니	汰	르	汰	래	汰	주	南	다	無	남	林	가	無	늘
無	다	林	ㅣ	潢	에	無	는	無	가	潢	아	仲	면	潢	에
	ㅣ				ㅣ		ㅣ		ㅣ		ㅣ		ㅣ		ㅣ
△		△		△		△		△		△		△		△	

- '南' 운지에 주의해서 연주합니다.

청어엮자

전래동요

정간보 (자진모리 장단) — 오른쪽에서 왼쪽으로 읽는다.

汰	둑	潢	두	汰	위	淋	청	◐	자진모리 장단
		潕	름						
淋	대			淋	도				
汰	위	潕	두	汰	군	淋	청	◐	
淋	ㅣ	潕	름	淋	산				
汰	에	湳	ㅣ	汰	에	汰	ㅣ		
淋	널	淋	엮	淋	청	淋	청	◐	
淋	었	潕	어	淋	어	潕	어	│	
汰	다	淋	다	汰	엮	淋	엮	○	
汰	가	汰	ㅣ	汰	자	汰	ㅣ	│	
		淋	가			淋	자		

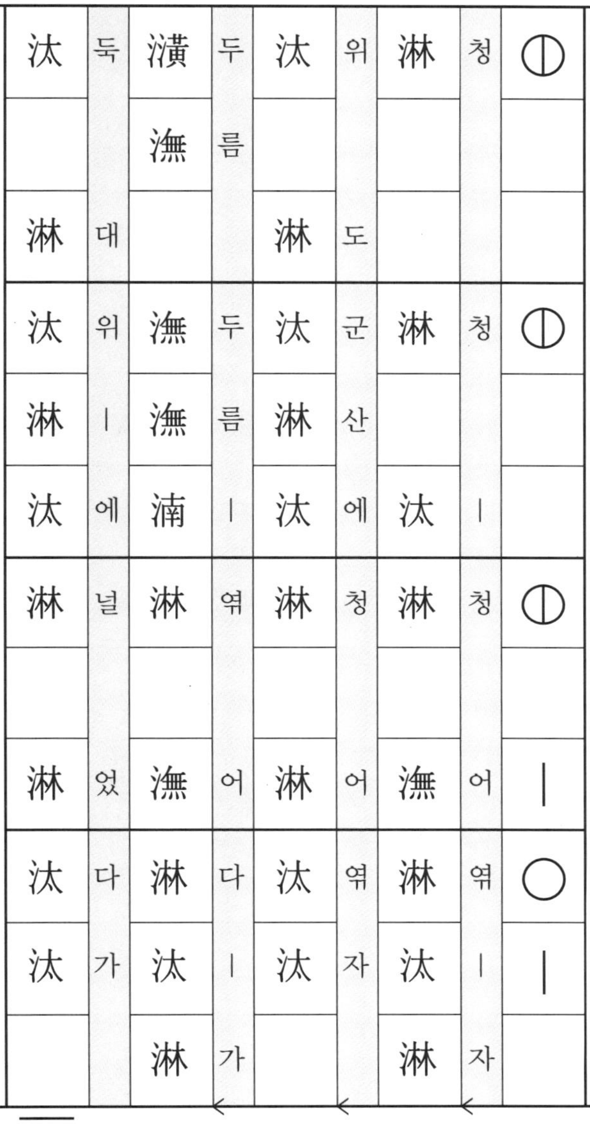

• 자진모리 장단에 맞추어 연주해 봅시다.

엄마야 누나야

김소월 사
김광수 곡

1	2	3	4	5	6	7	8
淋	엄	林	뒷	淋	들	汰	엄
潢	마	汰	-	潕湳	에-	淋㳞	마-
潕	야	汰	문	淋	는	淋	야
湳	누	潢	밖	潢潕	반짝	㳞淋	누-
淋	나	淋	에	湳	이	汰	나
㳞	야	汰	는	淋	는	汰	야
汰	강	淋湳	갈-	㳞	금	潢	강
一㳞	변	潕湳	잎의	一汰	-모	一汰	변
湳㳞	살-	淋㳞淋	노--	㳞淋	래	㳞潢	살-
淋	자	汰	래	淋	빛	汰	자

• 애절한 느낌을 단소로 잘 표현해 연주해봅니다.

떡노래

전래동요

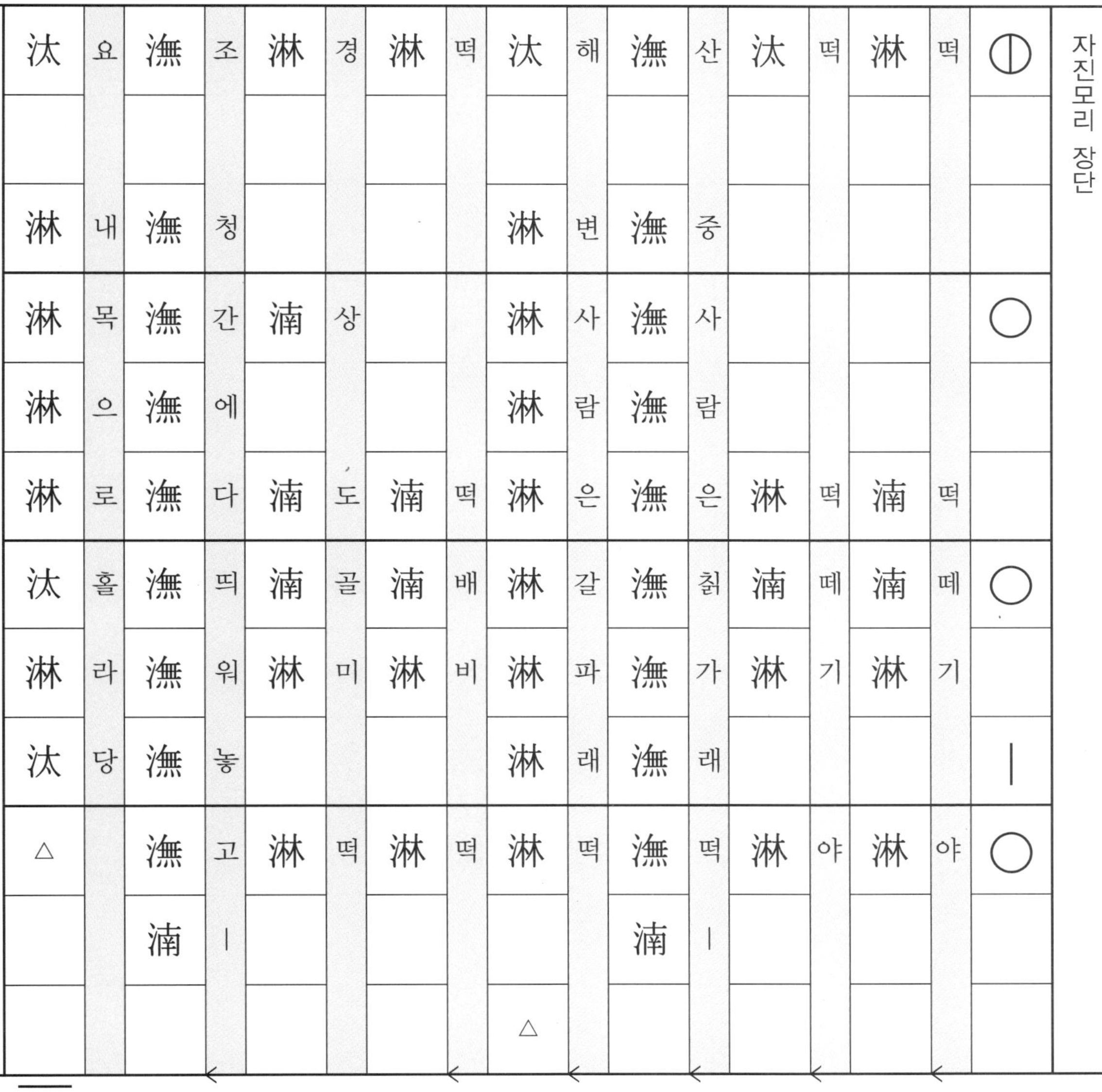

																장단	
汰	요	潕	조	淋	경	淋	떡	汰	해	潕	산	汰	떡	淋	떡	◐	자진모리 장단
淋	내	潕	청					淋	변	潕	중						
淋	목	潕	간	湳	상			淋	사	潕	사					○	
淋	으	潕	에					淋	람	潕	람						
淋	로	潕	다	湳	도	湳	떡	淋	은	潕	은	淋	떡	湳	떡		
汰	홀	潕	띄	湳	골	湳	배	淋	갈	潕	칡	湳	떼	湳	떼	○	
淋	라	潕	워	淋	미	淋	비	淋	파	潕	가	淋	기	淋	기		
汰	당	潕	놓					淋	래	潕	래					│	
△		潕	고	淋	떡	淋	떡	淋	떡	潕	떡	淋	야	淋	야	○	
		湳	│							湳	│						
								△									

• 배비떡 : 흰떡이나 쑥떡, 송기떡을 얇게 밀어 콩가루 속을 넣고 반달모양으로
　찍어 만든 떡

군밤타령

우리 나라 민요

자진모리 장단

1		2		3		4		5		6		7		장단
汰	생	潢	군	南	얼	汰	어	沖	연	湳	바	湳	바	◑
△						沖	허							
汰	률	沖	밤	潢	싸	汰	어							
潢	밤	淋	이	汰	좋	沖	얼	湳	평	淋	람	淋	람	○
汰	이					△								
潢	로	沖	요	潢	네	沖	싸			潢	이	潢	이	
沖	구					汰	바	淋	바	沖	불	沖	분	○
△				△		沖	람			△		△		
沖	나	△		湳	아	汰	이	湳	ǀ	沖	어	沖	다	ǀ
		沖	에	淋	좋	沖	분	沖	다					○
		淋	헤			△		△						
△		沖	라	沖	네	沖	다	沖	에	△		△		

• 밝고 경쾌한 느낌으로 연주해 봅니다.
• '南'을 '潕'로 연주해도 무방합니다.

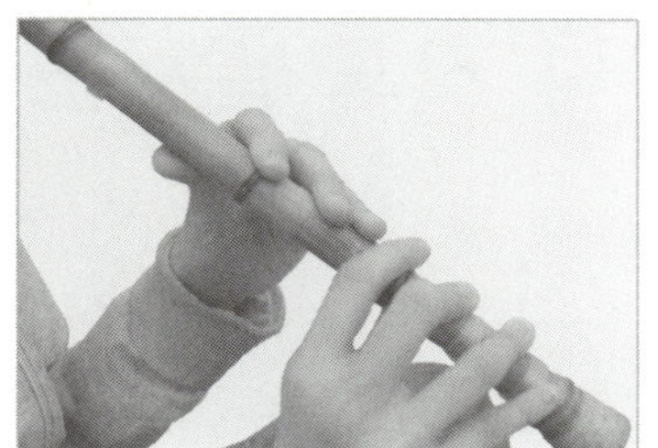

淡
(청)협

- 제 1지공부터 5지공까지 모두 막습니다. 이때 정확하게 막아야만 깨끗한 소리가 납니다.

- 5지공은 오른손 네 번째 손가락으로 막으면 좋지만(사진1), 손가락 사이가 잘 벌어지지 않을 경우에는 새끼 손가락으로 막아도 좋습니다(사진2). 이때 새끼손가락이 너무 짧아 5지공을 빨리 막지 못하면 박자가 늦어질 수 있으므로 주의합니다.

사진1

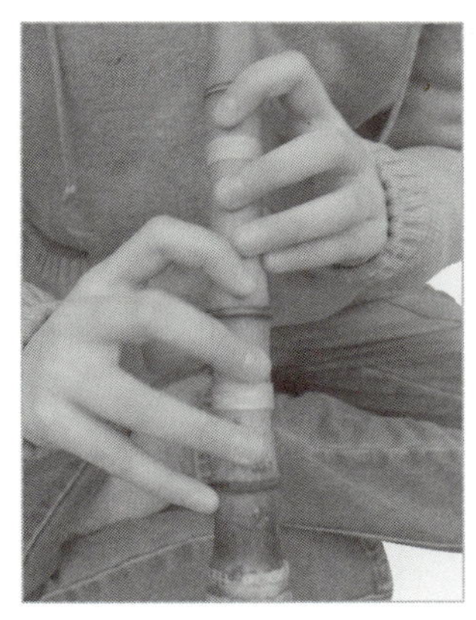

사진2

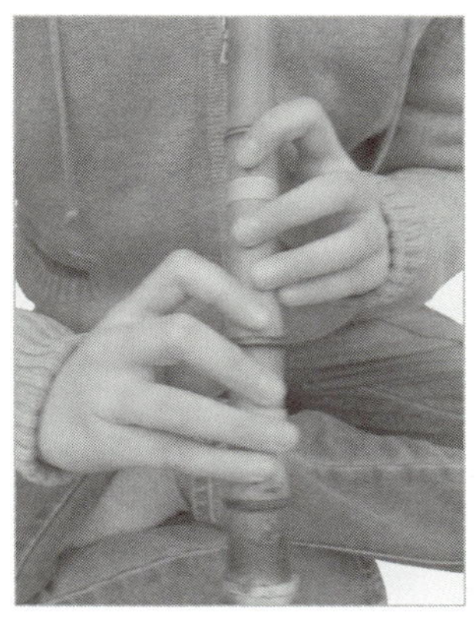

- 위에 있는 두가지 방법이 모두 어색할 경우에는 오른손이 한 칸씩 내려와서 4지공은 오른손 집게 손가락으로 막고 5지공은 오른손 가운데 손가락으로 막습니다(사진3).
- 이때 '沖'운지는 오른손 집게 손가락으로 막아야 하므로 혼동이 되지 않도록 충분한 연습을 합니다.

사진3

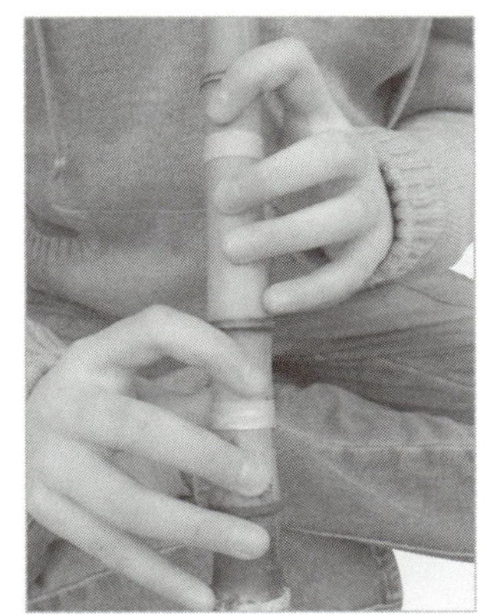

윤석중 사 / 외국 곡

똑같아요

윤석중 사
외국 곡

淶	젓	無	무
淶	가	汰	엇
淶	락	沖	이
汰	두	無	무
汰	짝	汰	엇
汰	이	沖	이
潢	똑	淋	똑
潢	같	淋	같
潢	아	淋	은
無	요	沖	가
△		△	

'리'자로 끝나는 말은

윤석중 사
외국 곡

沖	유	潕	괴	汰	끝	無	리
		潕	나				
淶	리	潕	리	潢	나		
汰	항	沖	보	汰	는	無	리
		沖	따				
潢	아	沖	리	淶	말		
無	리	汰	댑	沖	은	無	리
		汰	싸				
		汰	리			潢	자
		無	소			汰	로
		無	쿠				
△		無	리	△			

생일축하

외국 곡

생일 축하 합니다 생일 축하 합니다
仲仲 林 仲 無無 南 仲仲 林 仲 潢潢 無
사랑하는 친-구의 생일 축하 합니다
仲仲 㳞 汰 無無 南 林 浹浹 汰 無 潢潢 無

퐁당퐁당

윤석중 사
홍난파 곡

퐁당 퐁당 돌을 던지자 누나 몰래 돌을 던지자
無 潢 汰 汰 無 汰 㳞淋 㳞 無 潢 汰 汰 無 汰 㳞淋 㳞
냇물아 퍼져라 널리 널리 퍼져라
淋 㳞 汰 淋 㳞 汰 潢 潢 無 潢 汰 㳞 㳞
건너편에 앉아서 나물을 씻는
淋 —淋 㳞 淋 㶂 㶂 㶂 △ 㳞 —㳞 汰 潢 無 △
우리 누나 손등을 간질여 주어라
潢 —汰 無 汰 㳞 㳞 㳞 潢 汰浹 汰 潢 無 △

- ‘浹’이 나올때는 손가락을 미리 준비하고 있어야 박자가 늦어지지 않습니다.

파란마음 하얀마음

어효선 사
한용희 곡

(노랫말)	(정간)	(노랫말)	(정간)	(노랫말)	(정간)	(노랫말)	(정간)	(노랫말)	(정간)
우	無	여	無	산	汰	파랗	沖淋	파	淋
리	仲	름	仲	도들	汰潢	게	沖	ㅣ	沖
들	一無	엔	一無	도	無			란	一汰
마	汰	여	汰	나	潢	파랗	汰浹	하늘	無潢
음	潢	름	汰	무	林	게	汰	보	汰
에	無	엔	汰	도	無			고	沖
빛이	林南	파랄	潢潢	파란	仲仲	덮인	無仲	자라	浹汰
있	無	거	潢	잎	無	속	無	니	潢
다	林	여	汰	으	潢	에	汰	까	仲
면	仲	요	潢	로	汰	서	沖	요	無

가을길

김규환 사·곡

The music is written in 정간보 (jeongganbo) notation. Each staff line has, from left to right, alternating notation columns and lyric columns (the lyric columns are shaded); cells are read top to bottom. The syllables within each cell are stacked below.

(가락)	(노랫말)	(가락)	(노랫말)	(가락)	(노랫말)	(가락)	(노랫말)
汰 汰汰 汰 浹冲	산 넘어 물 건너	淋 潕潕 潕	트 랄 랄 랄 라	汰 汰汰 汰 浹冲	파 랗게 파 랗게	汰 汰汰 汰 浹冲	노 랗게 노 랗게
淋 冲浹 汰	가 는 ー 길	淋 潕潕 潕	트 랄 랄 랄 라	淋 冲浹 汰	높 은 하 늘	淋 冲浹 汰	물 들었 네
淋 潕 湳 潢	가 을 길 은	淋 潕潕 潕 潕	트 랄 랄 랄 라	淋 潕 湳 潢	가 을 길 은	冲 冲冲 冲 淋湳	빨 갛게 빨 갛게
潕 潕 潕 △	비 단 길	潕 湳淋 冲 浹	노 래 부 르 자	潕 潕 潕	고 운 길	潕 湳淋 冲	물 들었 네

꽃밭에서

어효선 사
권길상 곡

음	말	음	말	음	말	음	말	음	말	음	말	음	말	음	말
沖	피	潕	나	淋	새	潢	아	潢	한	淋	채	潕	만	沖	아
汰	었	淋	팔	沖	끼	潢	빠	汰	창	淋	송	淋	든	淋	빠
浹	습	沖	꽃	淋	줄	無		潢	입	沖	화	沖	꽃	沖	하
汰	ㅣ			湳	ㅣ										
潢	니	汰	도	潕	따	潢	가	汰	니	淋	도	汰	밭	淋	고
無	다	無	어	沖	라	汰	매	無	다	沖	봉	沖	에	沖	나
		汰	울			汰	어			汰	숭			汰	ㅣ
		沖	리			汰	놓			潢	아			潢	하
		淋	게			無	은			無	도			無	고
△				△				△				△			

겨울나무

이원수 사
정세문 곡

가락	말	가락	말	가락	말	가락	말	가락	말	가락	말	가락	말	가락	말
潢	불	潕	바	無	추	潢	아	浹	외	汰	눈	無	겨	冲	나
淋	ㅣ														
冲	고	湳	람	潢	운	汰	ㅣ	汰	로			潢	울		
潢	있	潢	따	汰	겨	浹	무	潢	이	淋	쌓	汰	나	潕	무
浹	ㅣ							淋	ㅣ						
汰	ㄴ	潕	라	淋	울	汰	도	冲	서	潕	인	淋	무	湳	야
無	나	湳	휘	冲	을	潢	찾	無	서	冲	응	冲	야	淋	나
		淋	파			無	지								
		冲	람			南	않								
		汰	만			林	는			浹	달			無	무
										汰	에			冲	야
△				△				△				△			

옥수수 하모니카

윤석중 사
홍난파 곡

1	2	3	4	5	6	7	8	9	10	11	12
無	도	無	도	無	우	無	옥	汰	옥	無	우
汰	미	潢	레	潢	리	汰	수	浹	수	汰	리
沖	솔	汰	미	無	아	潢	수	沖	수	潢	아
潕	도	浹	파	淋	기	無	알	淋	를	無	기
潕	도	沖	솔	沖	하	沖	길	沖	가	沖	불
沖	솔	淋	라	淋	모	一淋	게	沖	지	一淋	고
汰	미	湳	시	沖	니	沖	두	汰	고	沖	노
無	도	潕	도	汰	카	沖	줄	無	서	沖	는
潢	말	潢	소	潢	불	淋	남	潢	만	淋	하
潢	로	潕	리	潢	고	潕	겨	潢	들	潕	모
沖	하	湳	가	沖	있	湳	가	潢	었	湳	니
沖	지	淋	안	沖	어	淋	지	汰	어	淋	카
無	요	沖	나	汰	요	沖	고	潢	요	沖	는
△		△		△		△		△		△	

• 수행평가곡

스와니강

포스터 곡

<table>
<tr><td>汰</td><td>아</td><td>湳</td><td>이</td><td>汰</td><td>날</td><td>汰</td><td>머</td></tr>
<tr><td></td><td></td><td>一潕</td><td>세</td><td></td><td>사</td><td></td><td>나</td></tr>
<tr><td>潢無</td><td>그</td><td>潢</td><td>상</td><td>潢無</td><td>랑</td><td>潢無</td><td>먼</td></tr>
<tr><td>汰潢</td><td>리</td><td>沖</td><td>에</td><td>汰潢</td><td>하</td><td>汰潢</td><td>저</td></tr>
<tr><td>無·</td><td>워</td><td>沖</td><td>정</td><td>無·</td><td>는</td><td>無·</td><td>곳</td></tr>
<tr><td>潕</td><td>라</td><td>一淋</td><td>처</td><td>潕</td><td>부</td><td>潕</td><td>스</td></tr>
<tr><td>淋潕</td><td>나</td><td>沖</td><td>없</td><td>淋潕</td><td>모</td><td>淋潕</td><td>와</td></tr>
<tr><td></td><td>살</td><td>潕</td><td>는</td><td></td><td>형</td><td></td><td>니</td></tr>
<tr><td>沖</td><td>던</td><td>潕</td><td>나</td><td>沖</td><td>제</td><td>沖</td><td>강</td></tr>
<tr><td>汰無</td><td>곳</td><td>淋</td><td>그</td><td>汰無</td><td>이</td><td></td><td>물</td></tr>
<tr><td>潢</td><td>멀</td><td>浹</td><td>네</td><td>潢</td><td>몸을</td><td>汰</td><td>그</td></tr>
<tr><td>潢</td><td>고</td><td>淋</td><td>—</td><td>潢</td><td>기</td><td>無</td><td>리</td></tr>
<tr><td>無</td><td>먼</td><td>沖</td><td>길</td><td>無</td><td>다</td><td>潢</td><td>워</td></tr>
<tr><td></td><td>옛</td><td></td><td></td><td></td><td>려</td><td></td><td>라</td></tr>
<tr><td></td><td>고</td><td></td><td></td><td></td><td></td><td></td><td></td></tr>
<tr><td>△</td><td>향</td><td>△</td><td></td><td>△</td><td></td><td>△</td><td></td></tr>
</table>

- 無· → 낮은 음에서 높은 음을 올라갈때는 잠깐 끊었다가 붑니다.

따오기

한정동 사
윤극영 곡

潢	해	淋	내	淋	어	潕	떠	冲	처	潢	따	汰	보	汰	보
汰	돋	淋	어	潕	디	潕	나	淋	량	冲	옥	浹	이	浹	일
冲	는	潢	머	湳	메	湳	가	冲	한	無	따	冲	지	汰	듯
潢汰	나—	潢	니	汰	이	湳	면	潢汰	소—	汰	옥	潢浹	않—	無	이
無	라	冲	가	冲	뇨	淋	가	無	리	冲	따	汰	는	潢	보
		冲	신			汰	는			潢	옥			浹	일
		無	나			冲	곳			無	소			汰	듯
△		無	라	△		冲	이	△		汰	리	△		無	이

• '汰'운지(지공을 다 열고있는 상태)에서 '浹'(지공을 다 막음)운지로 빠르게 바뀌면 지공이 정확히 막히지 않을 수 있으니 주의합니다.

하늘나라 동화

이강산 사·곡

가사	율명
동 산 위 에 올 라 서 서	仲 汰 潢 無 無 南 無 林
파 란 하 늘 바 라 보 며	潢潢 潢 無 南 無 林 仲 △
천 사 얼 굴 선 녀 얼 굴	汰 汰 潢 無 汰 潢 無 林
마 음 속 에 그 려 봅 니 다	仲林 南 無 潢汰 浹 汰 無 △
하 늘 끝 까 지 올 라 〈실바	無 無 無 南 林 仲 汰 汰浹
람 을 끌 어 안 고 〈날개	沖 無 無 潢 汰 潢 沖浹
달 린 천 사 들 과 〈속삭	汰 汰 汰 汰 潢 無 無無
이 고 싶 어 라	潢 無 南 潢 無 △

우리의 소원

안석주 사
안병원 곡

														㳞	우
南	통	㳞	일	淋	이	淋	겨	南	통	㳞	정	林	꿈	㳞	리
潢	일			㳞	나			潢	일			南	에		
浹	이	汰	이	浹	라	淋	레	浹	을	汰	성	無	도	汰	의
汰	여	浹	여	汰	살	潕	살	汰	이	浹	다	潢	소	浹	소
		汰	어	潢	리	湳	리			汰	해	汰	원	汰	원
潢	오	潢	서	無	는	淋	는	潢	루	潢	서	浹	은	潢	은
無	라	無	오	㳞	통	㳞	통	無	자	無	통	汰	통	無	통
				淋	―							浹	―	浹	
ㅣ	ㅣ	仲	라	㳞	일	汰	일			仲	일	㳞	일	㳞	일
				△				△				△		△	
―	△	△		㳞	통	△	통	無	이	△	△	㳞	이	㳞	

어머님 은혜

윤춘병 사
박재훈 곡

淋	높	潕	푸	汰	어	潢	낳	淋	또	汰	나	淋	말	汰	높
淋	은	潕	른	汰	머	潢	으	沖	하	浹	는	沖	들	浹	고
沖	것	湳	하	浹	님	沖	시	浹	나	沖	나	沖	하	沖	높
淋	―			沖	―			汰	―		―	浹	―		
湳	같	淋	늘	淋	은	浹	고	潢	있	潕	는	汰	지	潕	은
潕	아	沖	그	沖	혜	汰	기	無	지	潕	높	潢	만	潕	하
		淋	보			潢	르			湳	―			湳	늘
		沖	다			無	시			淋	은			淋	이
		汰	도			潢	는			沖	게			沖	라
△				△				△				△			
一			←				←				←				←

연날리기

권연순 사
한수성 곡

無 汰	에헤 야디야	無 汰	에헤 야디야	△ 浹	모두다 어울려서	△ 浹	무지개 옷을 입고	無 汰	에헤 야디야	無 汰	에헤 야디야
一 無		一 無		浹 浹		浹 浹		一 無		一 無	
潢 無		潢 無		淋 一淋		淋 一淋		潢 無		潢 無	
				淋 淋		淋 淋					
林 一無	잘도 난다	林 一無	바람 분다	沖 一淋	친구된다	沖 一淋	저하늘에	林 一無	잘도 난다	林 一無	바람 분다
林 林		林 林		沖 汰		沖 汰		林 林		林 林	
△ 潢	우리의 꿈을 실	△ 潢	연 을날려 보	△ 潢	두둥실 춤을 춘	△ 潢	꼬리를 흔 들	△ 潢	저하늘 높이 난	△ 潢	연 을날려 보
潢 汰		一 汰		潢 潢		潢 汰		潢 汰		一 汰	
潢 無		潢 無		淋 沖		潢		潢 無		潢 無	
潢		林		淋		無		潢		林	
無	고	仲	자	沖	다	汰	며	無	다	仲	자
△		△		△		△		△		△	

• 경쾌한 느낌으로 연주해 봅니다.

에델바이스

리차드 로저스 곡

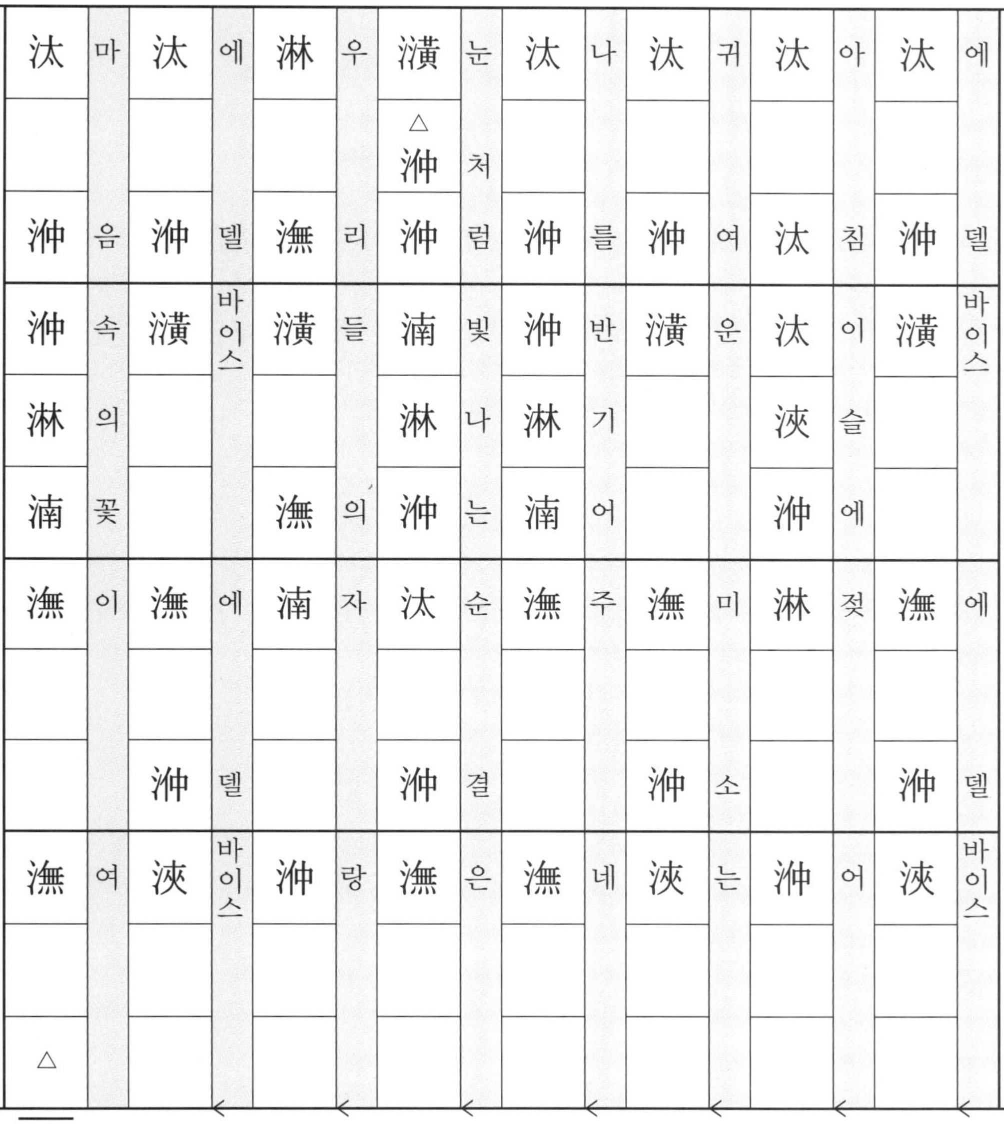

율명	노랫말	율명	노랫말	율명	노랫말	율명	노랫말	율명	노랫말	율명	노랫말	율명	노랫말	율명	노랫말
汰	마	汰	에	淋	우	潢	눈	汰	나	汰	귀	汰	아	汰	에
						△沖	처								
沖	음	沖	델	潕	리	沖	럼	沖	를	沖	여	汰	침	沖	델
沖	속	潢	바이스	潢	들	湳	빛	沖	반	潢	운	汰	이	潢	바이스
淋	의					淋	나	淋	기			浹	슬		
湳	꽃			潕	의	沖	는	湳	어			沖	에		
潕	이	潕	에	湳	자	汰	순	潕	주	潕	미	淋	젖	潕	에
		沖	델			沖	결			沖	소			沖	델
潕	여	浹	바이스	沖	랑	潕	은	潕	네	浹	는	沖	어	浹	바이스
△															

- '潢'(중청황)음을 주의해서 연주합니다.

푸른잔디

유호 사
한용희 곡

율명	가사	율명	가사	율명	가사	율명	가사	율명	가사	율명	가사	율명	가사	율명	가사
潕	노	汰	즐	淋	부	潢	가	淋	흰	汰	새	太	잔	㳞	풀
一㳞	ㅣ			湳	ㅣ			㳞	ㅣ						
汰	래			淋	풀			汰	구			太	디		
潢	불	潕	거	㳞	어	潢	습	潢	름	㳞	파	無	에	汰	냄
						汰	ㅣ					黃	ㅣ		
潢	러	湳	워	無	올	浹	이	潢	보	汰	란	太	누	㳞	새
無	요	淋	즐	潢	라	汰	저	無	면	淋	하	黃	워	潕	피
		一湳	ㅣ			無	ㅣ			湳	ㅣ			一湳	어
		潕	거			淋	절			潕	늘			淋	나
		㳞	워			㳞	로			㳞	과			㳞	는
△				△				△				△			

① '汰' →

4. 단소 중급편 (민요부분)

부호 및 장식음이 나오는 민요 모음

부호	구음	설명	표기	연주
∧	니레	하나 위의 음 → 본음	潢 ∧	汰潢
⋀	니라	두음 위의 음 → 본음	潢 ⋀	㴖潢
⌐	노네	하나 아래의 음 → 본음	潢 ⌐	無潢
⋁	노니로	본음 → 하나 위의 음 → 본음	淋 ⋁	淋無淋
⋎	느너느	본음 → 하나 아래의 음 → 본음	淋 ⋎	淋仲淋
≳	나니나	본음 → 하나 위의 음 → 본음	潢 ≳	潢汰潢
≷	나느나	본음 → 하나 아래의 음 → 본음	潢 ≷	潢無潢
⋈	니나	하나 위의 음 → 본음	潢 ⋈	潢汰潢
⌐	로	하나 아래의 음	潢 ⌐	潢無
⌐	니	하나 위의 음	潢 ⌐	潢汰

기호	이름	설명
〰	요성표	입김만으로 소리를 가늘게 떨어 내라는 표
♪	흘림표	살짝 흘리라는 표
⌣	미는표	소리의 끝을 밀어 올려 연주하라는 표

부호 ∧(니레)연습

- 1정간 안에 가락들을 모두 쓰지 못해 부호를 사용하면 편하게 악보를 볼 수 있습니다.
- 부호 ∧는 장식음으로 음악의 느낌을 한층 더 아름답고 풍부하게 표현 할 수 있습니다.
- 하나 위의 음을 짧게 내고 본음을 길게 냅니다.

벌아 벌아 꿀떠라

전래동요

無	지	無	벌
無∧	게		
		無∧	아
林	달	無∧	벌
林∧	래	無∧	아
林	꽃	無	꿀
林∧	줄	林	떠
仲	까	林	라
		無	ー

無∧ 아 = 潢無 / ー

어깨동무

전래동요

潢潕 / ー =

潕	어	淋	동
潕∧	디		
		淋∧	무
淋	든	淋∧	동
淋∧	지	淋∧	무
淋	같	淋	어
㳞	이	㳞	깨
汰	가	汰	동
汰	고	汰	무

淋∧ 무 = 潕淋 / ー

아리랑

우리 나라 민요

세마치 장단

① (二/林^) = (二/無 林) = (♪ ♪) = ♩. 　② (沖^) = (淋 沖/二) 　③ (二/潢^) = (二/汰 潢)

- 선생님의 연주를 듣고 장식음을 잘 살려 연주해 봅니다.
- 중 · 고등학교 수행평가곡

도라지타령

우리 나라 민요

세마치 장단

① $\left[\frac{淋^{\wedge}}{沖}\right]$ = $\left[\frac{潕\,淋}{沖}\right]$ = ♪♪♪ = ♩.

• 중·고등학교 수행평가곡

부호 ∨∨(노니로)연습

- 본음, 하나 위의 음, 본음을 이어서 연주합니다.
- 본음을 꾸며주기 위한 장식음이기 때문에 본음, 하나 위의 음은 짧게 내고 마지막 본음은 길게 냅니다. 단소에서 가장 많이 사용하는 장식음으로 주로 淋(임)에 붙습니다.
- 서양 음악의 트릴같은 느낌으로 손가락을 1㎝안으로 조금만 들어 가볍고 빠르게 연주합니다.

덕석몰기				실구대 소리			
전래동요				전래동요			

덕석몰기 (전래동요)

가락 1 (율명)	노랫말	가락 2 (율명)	노랫말
淋∨	비	淋∨	몰
淋	온	淋	자
	｜	淋	몰
	｜		
汰	다	汰	자
淋∨	덕	淋∨	덕
潕	석	潕	석
淋∨	몰	淋∨	몰
淋	자	淋	자

淋∨ = 淋潕淋／一 = (오선보 악보)

실구대 소리 (전래동요)

가락 1 (율명)	노랫말	가락 2 (율명)	노랫말
淋∨	꼬	淋∨	꼬
潕	꾸		
潕	대		
淋∨	틀	淋	꾸
淋	이	汰	대
淋∨	늘	淋∨	꼬
㳞	어		
汰	가	潕	꾸
汰	네	淋	대
		潕	｜

강원도 아리랑

강강술래

우리 나라 민요

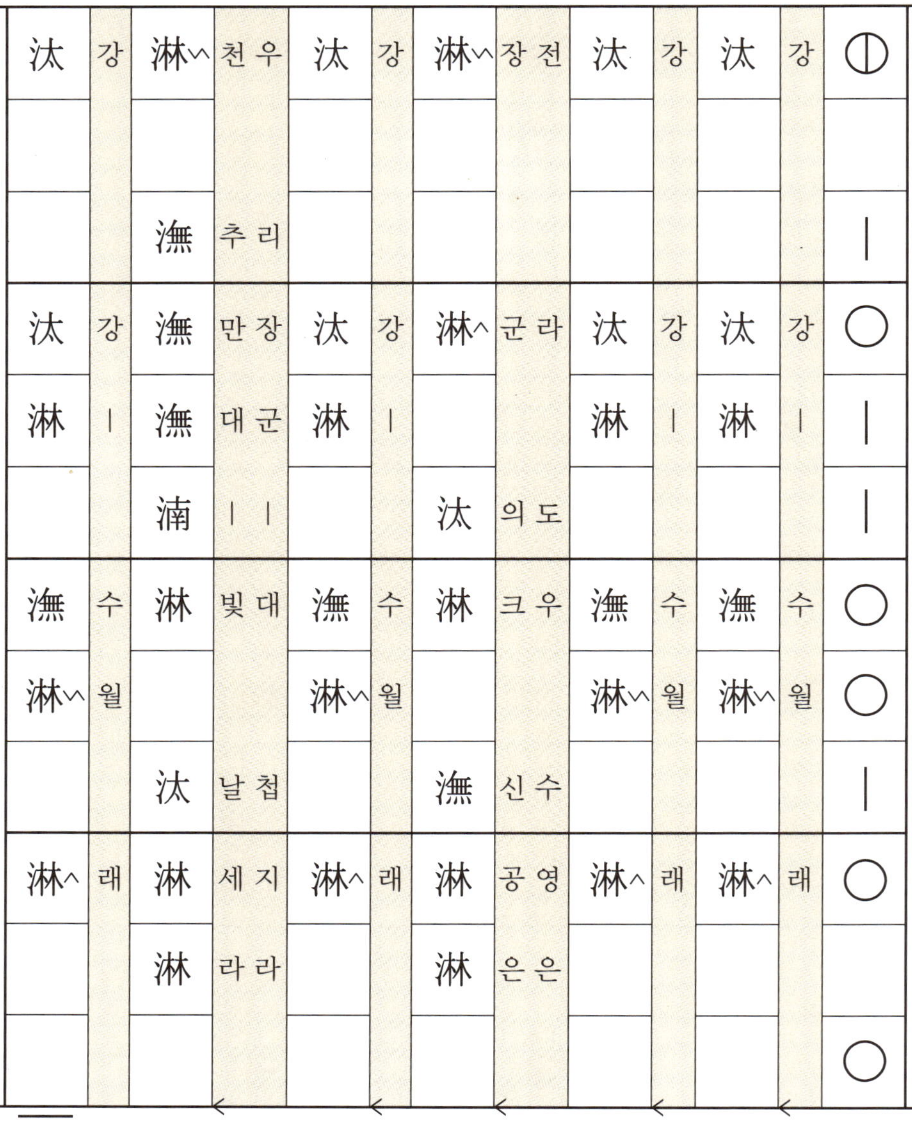

중중모리 장단

												장구
汰	강	淋⌣	천우	汰	강	淋⌣	장전	汰	강	汰	강	⦶
	漁	추리										│
汰	강	漁	만장	汰	강	淋^	군라	汰	강	汰	강	○
淋	│	漁	대군	淋	│			淋	│	淋	│	│
		湳	‖			汰	의도					│
漁	수	淋	빛대	漁	수	淋	크우	漁	수	漁	수	○
淋⌣	월			淋⌣	월			淋⌣	월	淋⌣	월	○
		汰	날첩			漁	신수					│
淋^	래	淋	세지	淋^	래	淋	공영	淋^	래	淋^	래	○
		淋	라라			淋	은은					
												○

① 淋⌣ = 淋漁淋 ／ － 　　② 淋^ = 漁淋 ／ －

- 중중모리 장단에 맞추어 연주해 봅니다.
- '湳' 운지에 주의합니다.

뱃노래

우리 나라 민요

굿거리 장단

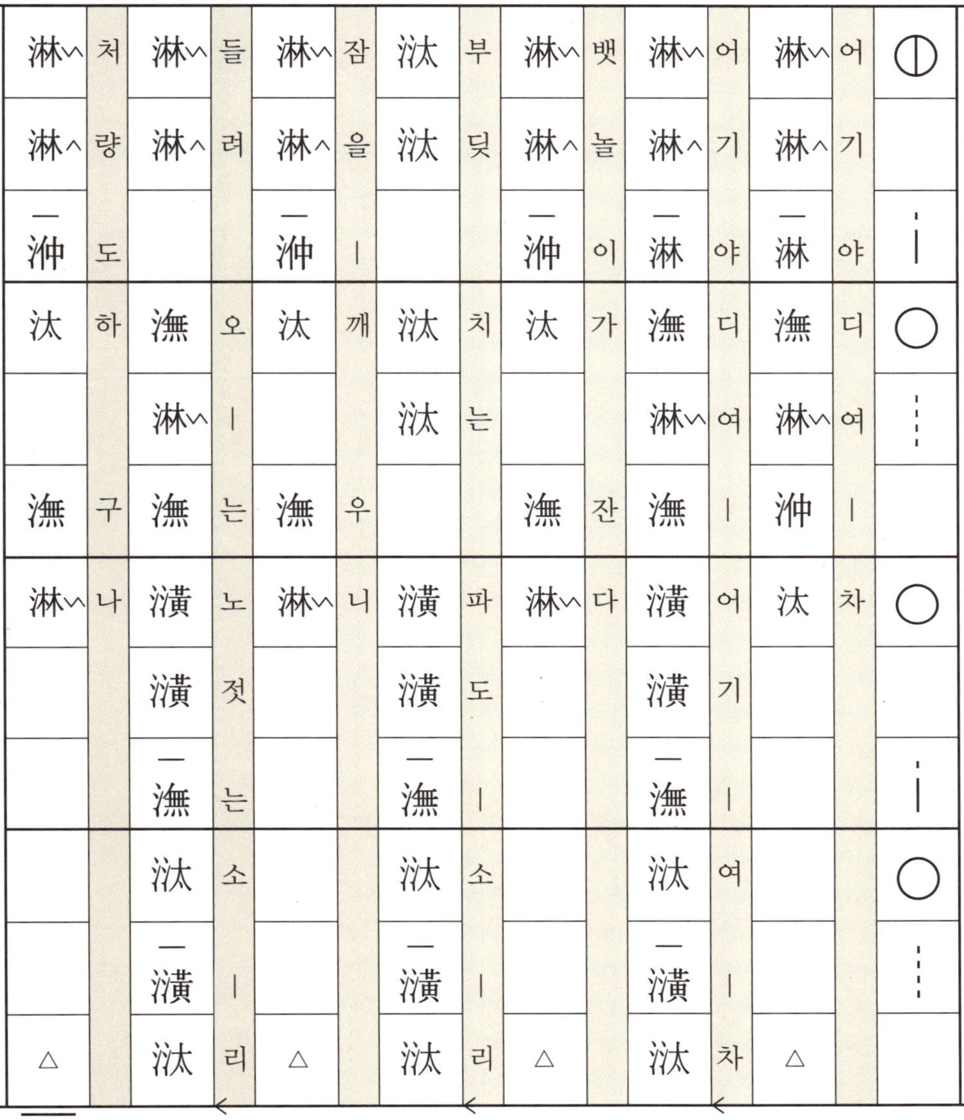

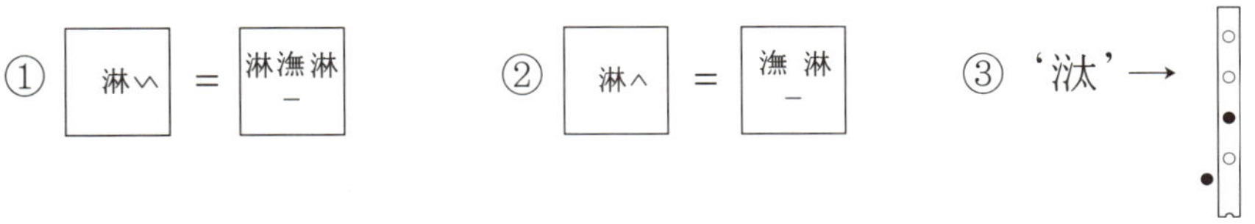

- '㳞' 운지에 주의해 연주합니다.
- 손가락을 1cm안으로 들어서 장식음을 빠르게 연주합니다.

부호 ⪢(나니나)연습

- 본음, 하나 위의 음, 본음을 같은 싯가로 잇달아 한 음 한 음을 분명히 연주합니다.
- 부호 ㅆ와 율명구조는 같지만 ⪢는 장식음이 아니므로 박자가 빨라지지 않게 주의합니다.

아리랑

우리 나라 민요

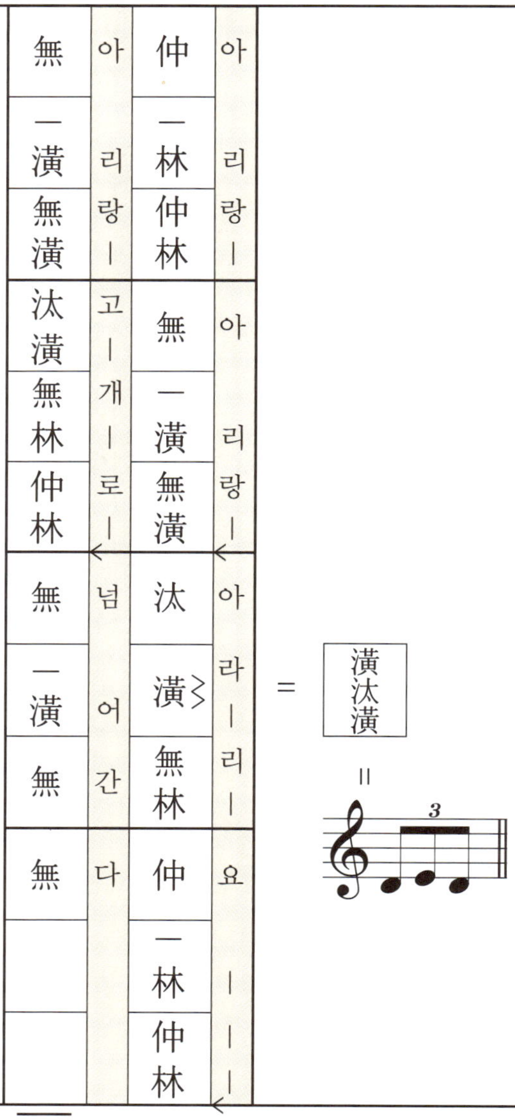

아리랑 아리랑 아라리요
아리랑 고개로 넘어간다

도라지

우리 나라 민요

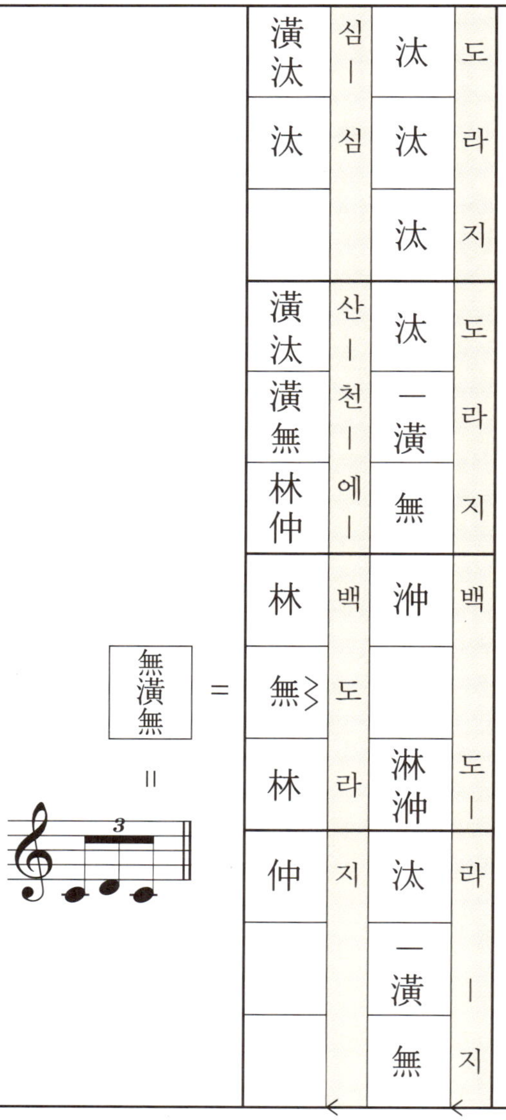

도라지 도라지 백도라지
심심 산천에 백도라지

밀양 아리랑

우리 나라 민요

세마치 장단

가락	아리랑	가락	아리아리랑	가락	동지선달	가락	날좀보소	장단
汰 潢一無 林一無	아 리— 랑—	林一仲 林一無 林	아 리 아 리 랑	汰汰 潢一無 林無一	동 지 선 달 — —	淋淋 沖〉 汰	날좀 보— 소	⊕ / ⊕一 / ○一
汰 潢一沖 汰潢一	고 개— 로—	林一仲 林一無 林	쓰 리 쓰 리 랑	汰汰 潢一沖 汰潢一	꽃 본 듯— 이—	淋淋 沖〉 汰	날좀 보— 소	
無 無潢無林仲一	날 넘—겨 주—	淋淋沖淋沖汰潢汰	아 라 리— 가 났—	無 無潢無林仲一	날좀 — — 보—	淋 沖〉 汰潢汰	날 좀 — 보	
林 一無 林	소 — —	沖 淋沖 汰	네 — —	林 一無 林	소 — —	沖 淋沖 汰	소 — —	

① 沖〉 = 沖 / 淋 / 沖

- 한 음 한 음 스타카토로 끊어 불지 않도록 주의합니다.
- 잇달아 연결하여 연주해 봅니다.

경복궁 타령

우리 나라 민요

자진모리 장단

漁	밝	漁	파루ー	漁∨	에	汰汰ー	얼럴	漁∨	에	◐
漁〉	아	漁〉	ー를			ニ冲	럴거ー			◐
淋冲	온ー	淋冲	치니			淋冲	ー리			우ー
汰	다	汰冲	ーー			漁漁ー	고			○
ー		汰汰ー	계명	漁漁	남	漁	방	漁	에	◐
		ニ冲	ー	ニ漁	문	漁〉	아	漁〉	에헤	◐
		淋冲	산	漁漁ニ	을	淋冲	로ー	淋冲	이에	우ー
		漁漁ー	ー천이	△	열고	汰	다	汰冲	야ーー	○

- 자진모리 장단에 맞추어 경쾌하게 연주해 봅니다.
- 장식음과 부호가 같이 나왔습니다. 두 시김새가 모두 본음, 하나 위의 음, 본음이지만 박자가 틀리므로 주의해 연주합니다.

단소의 요성

- 단소의 요성은 음악의 묘미를 한 껏 느낄 수 있게 합니다.
- 소리를 입김만으로 가늘게 흔들어 내는데 악기연주에 있어 최고의 기술이며 자신의 연주를 돋보이게 하는 방법 중의 하나입니다.
- 입김으로 파도치듯이 4번씩 규칙적으로 길게 밀 듯이 조금 세게 불었다 줄였다를 반복합니다.(汰 로 연습합니다.)
- 4번씩 열 번 끊어 연습합니다.
- 충분히 연습이 되면 처음은 굵게 두어번 떨다가 뒤로 갈수록 잘아지는 느낌으로 표현합니다.

연습곡 1

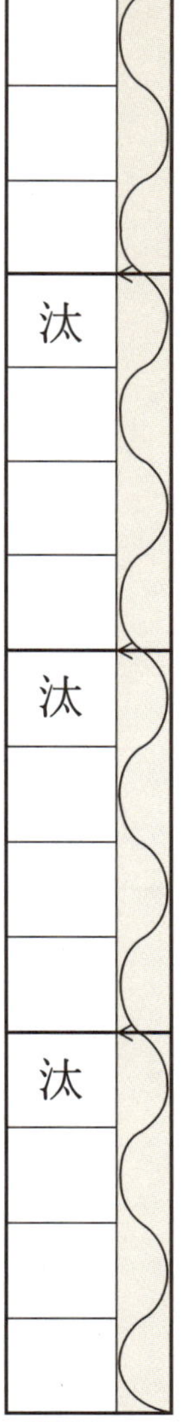

♩ = 입김을 길게 밀어냅니다.

♩ = 밀어낸 입김이 다시 원래 입김으로 돌아 옵니다.

♩ = 다시 입김을 밀어 올립니다.

♩ = 원래 입김으로 돌 옵니다.

연습곡 2

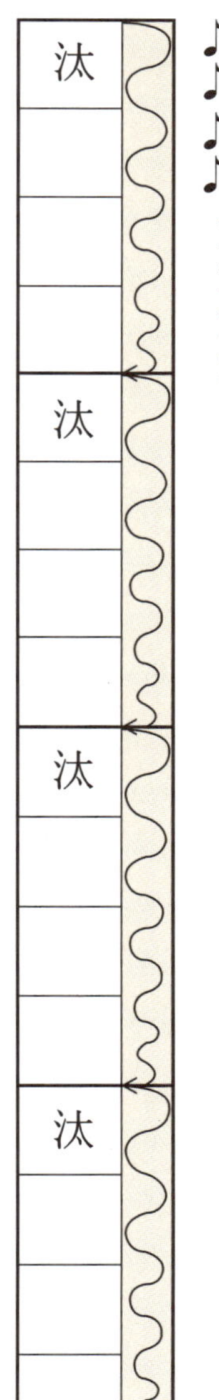

♪♪♪♪ 이전과 같은 방법으로 반박자 빠르게 요성 곡선을 만듭니다.

연습곡 3

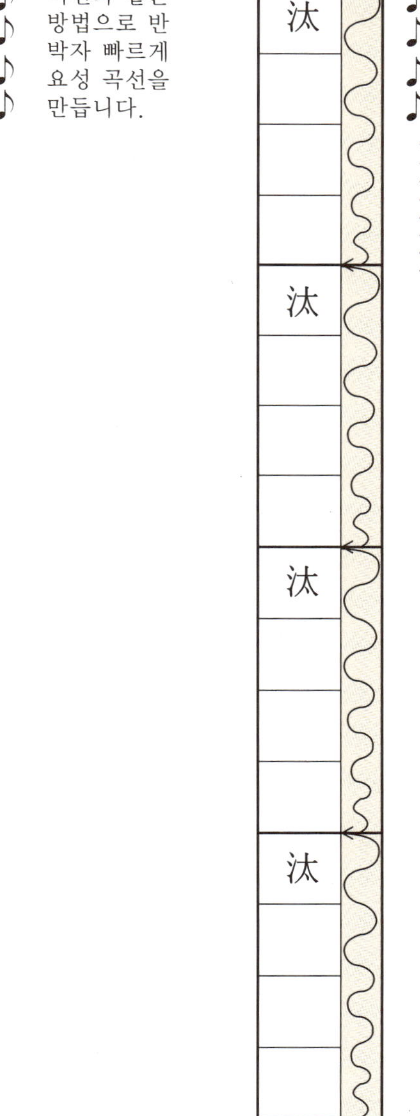

♪♪♪♪ = 8분음표 주기로 곡선을 만듭니다.

= 16분음표 주기로 점점 빠르게 요성 곡선을 만듭니다.

淋淋	쾌지	汰汰	쾌지	淋	가	汰汰	쾌지	汰	그	汰汰	쾌지
淋	나	汰	나	淋	는	汰	나		뉘	汰	나
		～	～			～		汰		～	～
淋	칭	汰	칭	淋	세	汰	칭	潢	라ㅣ	汰	칭
		～		潕	월	～		潕	서ㅣ		
潕	칭	淋	칭	潕	을	淋	칭	潢潕		淋	칭
潕	나	淋	나	潢潕	막ㅣ	淋	나	淋	잡	淋	나
				淋	을			淋	아		
潢	네	淋	네	淋沖	손ㅣ	淋	네	淋沖	매ㅣ	淋	네
潕	ㅣ	潕	ㅣ	汰	ㅣ	潕	ㅣ	汰	ㅣ	潕	ㅣ
				沖	가			沖	며		

쾌지나 칭칭나네

우리 나라 민요

淋	서	汰汰	쾌	淋	또	汰汰	쾌	淋	청	汰汰	쾌	⊖	굿거리 장단
		汰	지	淋	내	汰	지	淋	천	汰	지		
		〰	나			〰	나			〰	나	┊	
淋	산	汰	칭	淋	가	汰	칭	淋	하	汰	칭	○	
潕	—	〰		潕	슴	〰		潕	늘	〰		⋮	
潕	에	淋	칭	潕	엔	淋	칭	潕	엔	淋	칭		
潢潕	지	淋	나	潢潕	희	淋	나	潢潕	잔	淋	나	○	
	—				—				—				
淋	는			淋	망			淋	별				
				淋	도			淋	도			┊	
淋沖	해	淋	네	淋沖	많	淋	네	淋沖	많	淋	네	○	
	—	潕	—		—	潕	—		—	潕	—	⋮	
汰	—			汰	—			汰	—				
沖	를			沖	다			沖	고				

- 요성(〰)표시 된 부분에서 4번씩 규칙적으로 입김을 세게불었다 줄였다를 반복합니다.
- 잘될 경우, 처음 두번만 크게 떨다 뒤는 작아지는 느낌으로 연습해봅니다.

상주모내기

우리 나라 민요

중모리 장단

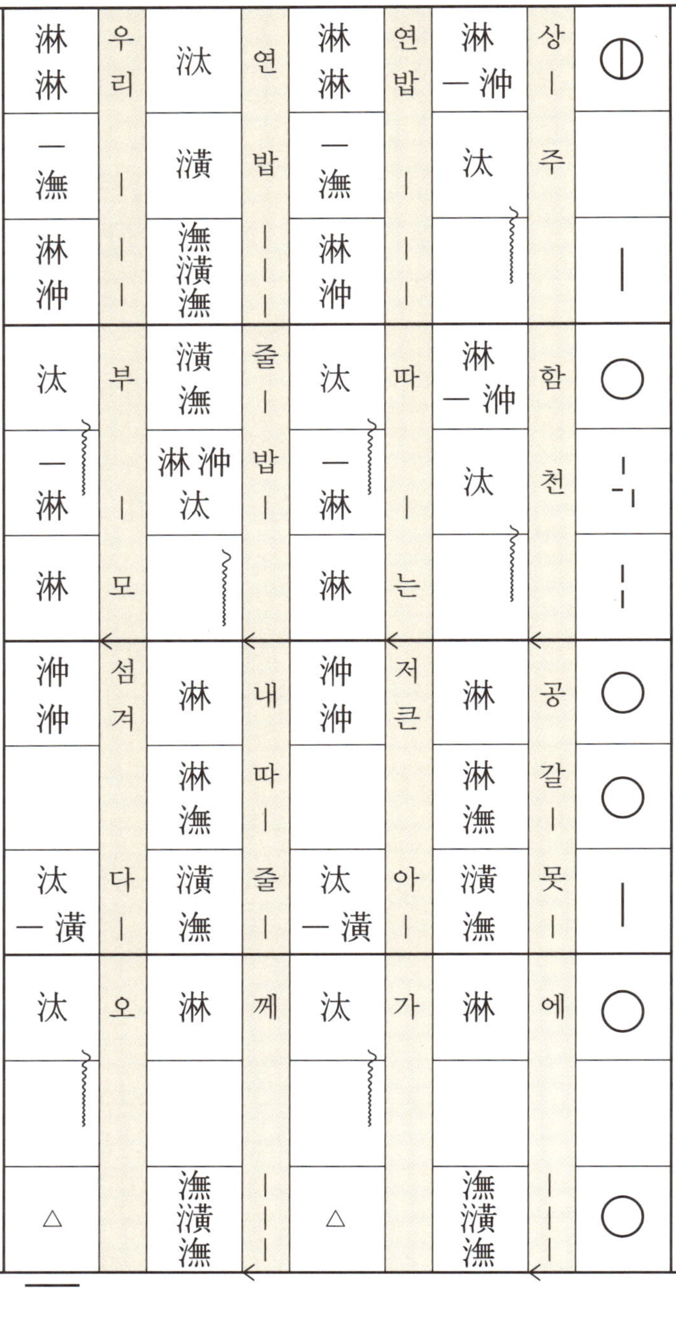

가락	노랫말	가락	노랫말	가락	노랫말	가락	노랫말	장단
淋淋	우	汰	연	淋淋	연	淋一沖	상ㅣ	◑
一潕	리	潢	밥ㅣ	一潕	밥ㅣ	汰	주	
淋沖	ㅣㅣ	潕潢潕	ㅣㅣㅣ	淋沖	ㅣㅣ			ㅣ
汰	부	潢潕	줄ㅣ	汰	따	淋一沖	함	○
一淋	ㅣ	淋沖汰	밥ㅣ	一淋	ㅣ	汰	천	┆ㅣ
淋	모			淋	는			ㅣㅣ
沖沖	섬겨	淋	내	沖沖	저큰	淋	공	○
		淋潕	따ㅣ			淋潕	갈ㅣ	○
汰一潢	다ㅣ	潢潕	줄ㅣ	汰一潢	아ㅣ	潢潕	못ㅣ	ㅣ
汰	오	淋	께	汰	가	淋	에	○
△		潕潢潕	ㅣㅣㅣ	△		潕潢潕	ㅣㅣㅣ	○

• 선생님 연주를 듣고 셈여림을 넣어 연주합니다.

범벅타령

우리 나라 민요

														굿거리 장단
無	일	淋	유	沖	오	無	사	無	삼	汰	이	汰	정	◐
無	이	淋	월	沖	월	無	월	無	월	汰	월	汰	월	
一無	삼									一潢		一潢		｜
無	사	淋	에	沖	에	無	에	無	에	無	에	無	에	○
潢	오	沖	｜	沖	는	一潢	｜	一潢	｜	潢	｜	潢	｜	⋮
汰	육	淋沖	는			汰	는	汰	는	汰	는	汰	는	
潢無	범ー	汰	호	沖	느	潢無	수	沖	쑥	潢無	시	潢無	달ー	○
林仲	벅ー	汰	밀	淋沖	티	林仲	리	淋沖	떡ー	林仲	래	林仲	떡ー	
林	일	一潢	｜	汰潢	｜	林	치ー범	汰潢	｜	林	기ー범	林	범	｜
仲	세	無	범	沖	범	仲	벅	無	범	仲	벅	仲	벅	○
〜	〜	潢無	｜	沖	〜	〜	〜	潢無	｜	〜	〜	〜	〜	⋮
		林仲	벅					林仲	벅					
一			‹		‹		‹		‹		‹		‹	

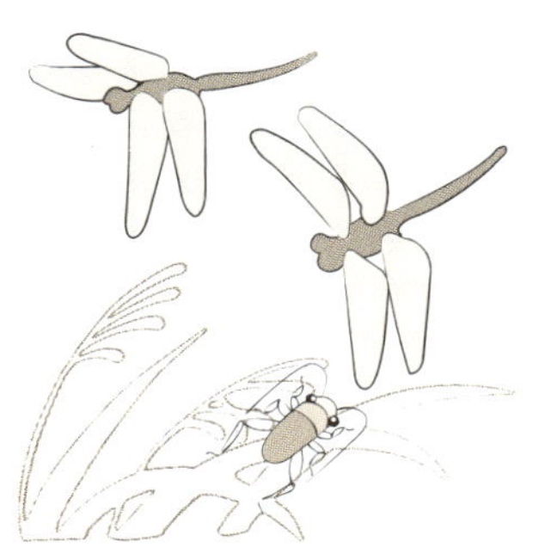

진도아리랑

우리 나라 민요

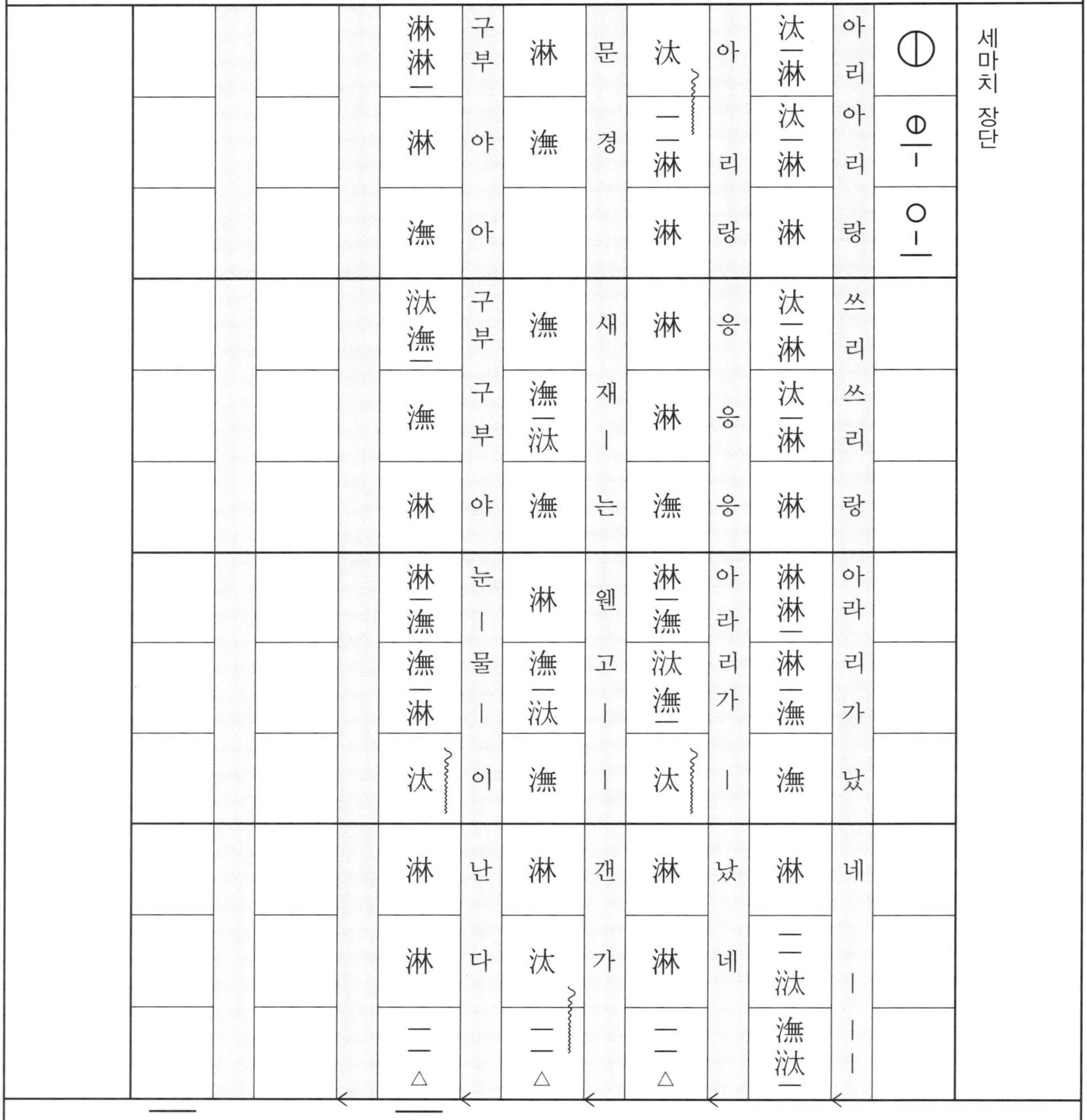

		淋淋一 淋 潕	구부 야 아	淋 潕 	문 경 	汰 二一淋 淋	아 리 랑	汰一淋 汰一淋 淋	아 리 아 리 랑	세마치 장단 ⊕ 中一 ㅇ一ㅣ
		汰潕一 潕 淋	구부 구부 야	潕 潕一汰 潕	새 재ㅣ 는	淋 淋 潕	응 응 응	汰一淋 汰一淋 淋	쓰 리 쓰 리 랑	
		淋一潕 潕一淋 汰	눈ㅣ 물ㅣ 이	淋 潕一汰 潕	웬 고ㅣ ㅣ	淋一潕 汰一潕 汰	아 라 리 가 ㅣ	淋淋 淋一潕 潕	아 라 리 가 났	
		淋 淋 二△	난 다 △	淋 汰 二△	갠 가 △	淋 淋 二△	났 네	淋 二汰 潕汰一	네 ㅣ ㅣ	

- '㳞' 운지에 주의합니다.

거문도 뱃노래

우리 나라 민요

중중모리 장단

1	2	3	4	5	6	7	8	9	10	장단
汰 어	汰 어	淋 어	汰 어	淋 어	潢 가	淋 어	汰 어	淋 어	淋 어	◐
			潢 장		潢 자					
汰 기	汰 기		汰 ㅣ				汰 기			ㅣ
汰 여	汰 여	淋 야	汰 터	淋 야	潢 가	淋 야	汰 어	淋 야	淋 야	○
			潢 ㅣ		潢 자					ㅣ
汰 차	汰 차	汰 ㅣ	潕湳 로	汰 ㅣ		汰 ㅣ	湳 차	汰 ㅣ	汰 ㅣ	ㅣ
潢 뒤	潢 뒤	淋 디	淋 어	淋 디	淋 어	淋 디	湳 어	淋 디	淋 디	○
			淋 ㅣ		潢 ㅣ		淋 서			○
潕 ㅣ	潕 ㅣ	汰 ㅣ	湳 서	汰 ㅣ	潢 서	汰 ㅣ	湳 ㅣ	汰 ㅣ	汰 ㅣ	ㅣ
潢 여	潢 여	汰 야	淋 가	汰 야	潢 가	汰 야	淋 가	汰 야	汰 야	○
		∿		∿		∿		∿	∿	
			淋 세		潢 자		淋 세			○

• '汰' '潢' 운지에 주의합니다.

① '汰' → 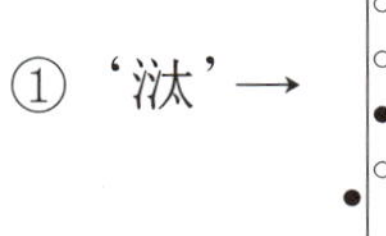 ② '潢' → 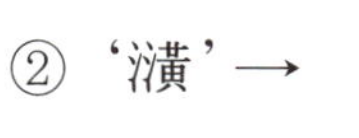

한오백년

우리 나라 민요

중모리 장단
아무렴 그렇지 그렇구 말구
한오백년 살자는데 웬성화요
한많은 이세상 야속한 임아
정을 두고 몸만 가니 눈물이 나네

여러가지 부호의 혼합 연습

- 여러가지 부호의 혼합 연습입니다. 부호가 눈에 잘 안 읽혀질 경우 옆칸에 한글로 표기해 연습합니다.
- 선생님 연주를 듣고 타령의 느낌을 살핀 후 천천히 충분히 연습합니다.
- 〈타령〉은 영산회상 9곡 중 8번째 곡, 3박을 1박 단위로 빠르고 경쾌하게 연주합니다.

타령

우리 나라 민속 음악

									타령 (빠르고 경쾌하게)
汰	淋潕	潢	潢	潢汰	汰	㳞	淋〜	◐	
		氵汰潢				潢	潕	潕	
)		潕I	潢^	潢 ﹥	淋〜	淋	㳞		
汰^	潕^	㳞	㳞	潕	潕	潢	淋^	¦	
潢	淋	潕	潕淋	潢淋	潢淋	氵汰潢	㳞		
無	㳞	淋	潢	潢	潢	潕I	氵汰	·	
林〜	潢	潢	潢^	潢^	潢^	㳞	潢	◐	
無林	汰潢	氵汰潢	氵汰潢	氵汰潢	氵汰潢	潕	氵汰潢		
潢	㳞	潕I	潕I	潕I	潕I	淋	潕I	¦	
㳞	淋^	㳞	潢	潢	潢	潢	㳞		
	潕淋	淋㳞	氵汰	氵汰	氵汰	氵汰潢	淋㳞		
	㳞 ﹥	潢^	潢	潢	潢	潕I	潢^	·	

① 潕I → （淋潕 / 淋） I (느니-르)는 하나 아래의 음을 짧게, 본음을 길게, 하나 아래의 음을 짧게 내라는 표입니다.

- 중학교 수행평가곡

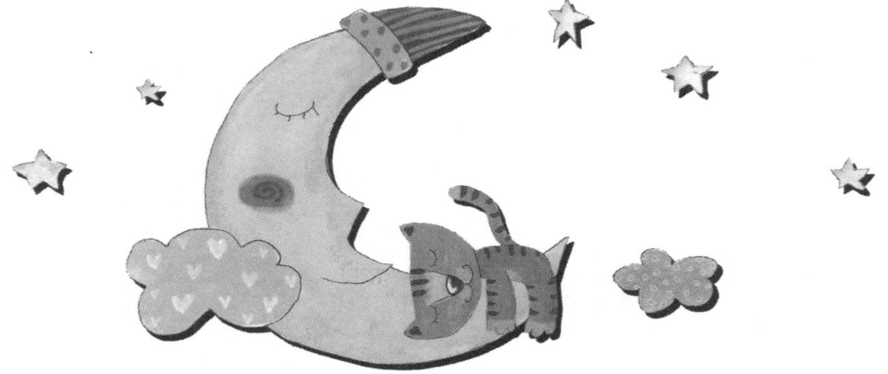

5. 응용 연습곡편

애국가

안익태 곡

氵㳞	대	湳	무	氵㳞	하	㳞	동
一 氵浹	ㅣ 한	一 潕	ㅣ	一 氵浹	느	潕	해
氵汰	사	氵潢	궁	氵汰	님	一 湳	물
氵潢	람	湳	화	氵潢	이	淋	과
潕	대	氵汰	삼	潕	보	潕	백
湳 淋	한 ㅣ	一 氵浹	ㅣ	湳 淋	우 ㅣ	㳞	두
㳞	으	氵㳞	천	㳞	하	汰	산
汰	로	氵汰	리	汰	사	㳞	이
㳞	길	氵潢	화	㳞	우	潕	마
潕	이	潕	려	潕	리	氵潢 氵汰	르 고
氵潢 氵潢	보 전	湳	강	氵潢 氵潢	나 라	氵浹	닳
氵汰	하	潕	ㅣ	氵汰	만	一 氵汰	ㅣ 도
潕	세	氵潢	산	潕	세	氵潢	록
△		△		△		△	

① '氵汰' →
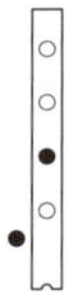

② '氵㳞' →
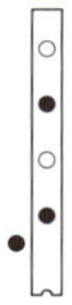

③ '氵浹' →
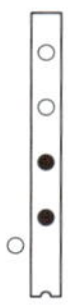

오나라

임세현 사·곡

林	마	潢	나			潢	아	沖	나	潢	가	潢	오
		一汰	니			汰	니	淋	나	汰	나	汰	나
		沖	요	△		汰	리	淋	니	汰	라	汰	라
		淋	오	潢	에	潢	아	淋	나	汰	가	汰	오
		一沖	지	一無	에	汰	니	一沖	려	一沖	나	一潢	나
		汰	도	林	야	汰	리	汰	도	汰	라	無	라
		潢	못	潢	디	潢	아	汰	못	汰	아	林	아
		一無	하	一無	이	汰	니	沖	노	潢	주	無	주
		林	나	林	야	林	노	淋	나	汰	가	無	오
		林	나	潢	에	無林	네에	沖	니	汰	나	無	나
		仲	도	汰	야								
		林	가	無	나			△		△		△	

불인별곡(허준 OST)

임세현 사·곡

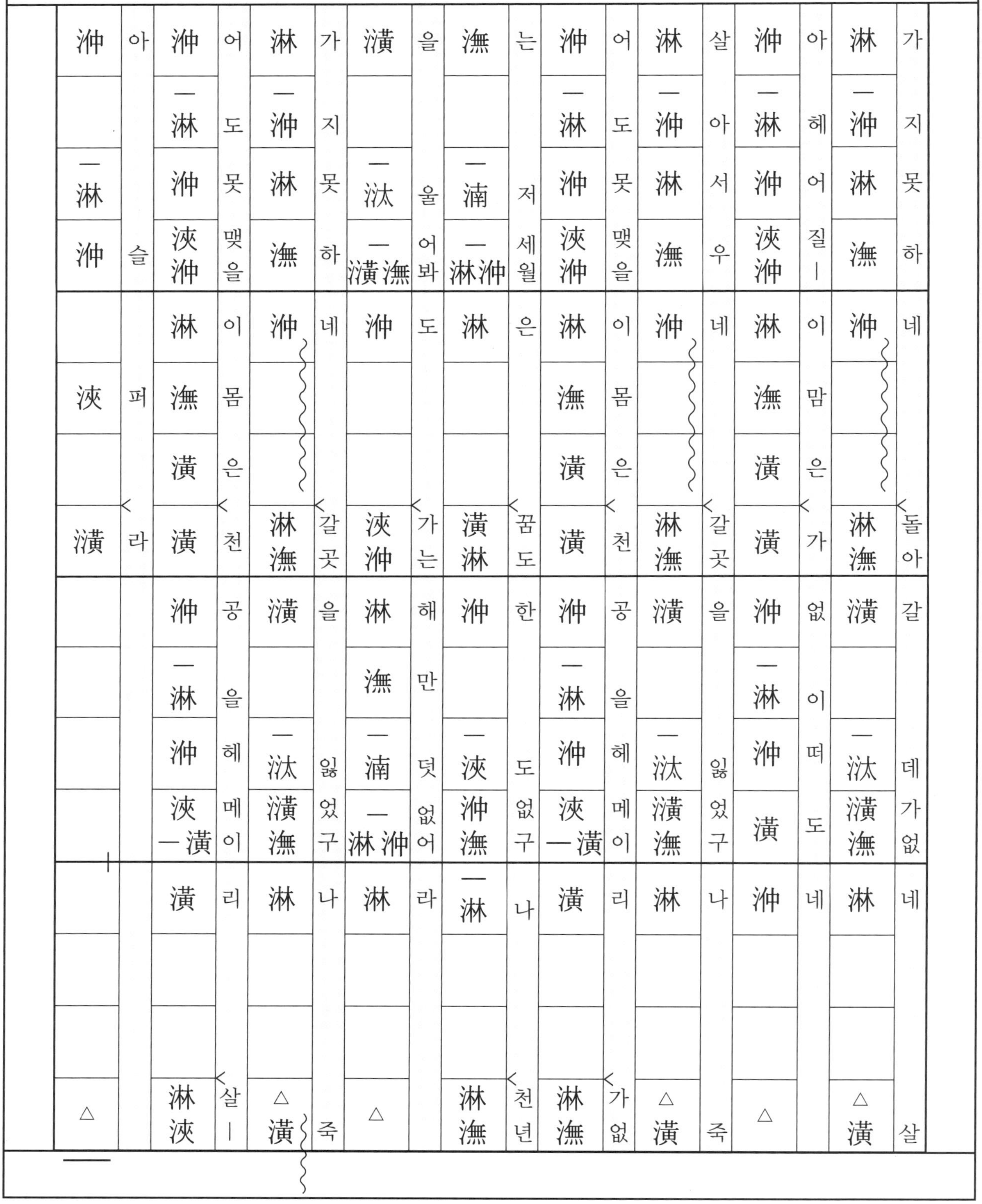

沖	아	沖	어	淋	가	潢	을	潕	는	沖	어	淋	살	沖	아	淋	가
		一淋	도	一沖	지		울	一湳	저	一淋	도	一沖	아	一淋	헤	一沖	지
一淋沖	슬	沖浹沖	못맺을	淋淋潕	못하	一汰一潢潕	어봐	一淋沖	세월	沖浹沖	못맺을	淋淋潕	서우	沖浹沖	어질一	淋淋潕	못하
浹	퍼	淋潕潢潢	이몸은천	沖	네	浹沖	가는	淋潕潢	은	淋潕潢	이몸은천	沖	네	淋潕潢	이맘은가	沖	네
潢	라	沖一淋沖浹一潢	공을헤메이리	潢	갈곳을	浹沖	가는	潢淋	꿈도	沖	공을헤메이리	潢	갈곳을	沖	없이떠도	淋潕	돌아
		潢		淋	을	淋潕	해만덧없어	沖一淋	한	一汰潢潕	을	沖	살	一汰潢潕	네	一汰潢潕	갈데가없
				淋	나	淋	라	淋	나	潢	리	沖	나			淋	네
△		淋浹	살一	△潢	죽	△		淋潕	천년	淋潕	가없	△潢	죽	△		△潢	살

문리버

헨리 맨시니 곡

정간보(井間譜) 표기. 8칸(열) × 5각(행), 각 각은 3정간. 빈 칸은 공란이며, 좁은 칸의 꺾음표(<)는 생략함.

1	2	3	4	5	6	7	8
	沖	汰	湳	淋	無	沖	沖
			一淋				
汰		沖	沖浹			無	
無	一無	潕	沖	沖	沖	潢	潢
	湳淋				汰		潕
	沖浹			無	一潢		
	沖	潢	潢	潢	無		湳
				潕	汰		一淋
△		潕			沖	汰	沖浹
—	無	沖		湳	潕	無	沖
				一淋	湳		
			汰	沖浹	一淋		無
	浹		無	沖	湳	沖	湳
	潢	湳淋			淋	汰	一淋
		沖浹		無	一沖	一潢	沖浹

한국을 빛낸 100명의 위인들

박문영 사 · 곡

아름다운이땅에 금수강산에 단군할아버지가 터잡으시고
홍익인간뜻으로 나라세우니 대대손손훌륭한 인물도많아
고구려세운동명왕 백제온조왕 알에서나온혁거세
만주벌판달려라 광개토대왕 신라장군이사부
백결선생떡방아 삼천궁녀의자왕
황산벌의계백 맞서싸운관창 역사는흐른다

개구리 소년

박준영 사
정민섭 곡

가락	노랫말	가락	노랫말	가락	노랫말	가락	노랫말	가락	노랫말	가락	노랫말	가락	노랫말
汰 一潢 潕汰 △	무 ─지 개	淋 汰汰 潕潕 淋淋	필 릴리 개굴 개굴	潕潕 潕潕 湳 湳淋	울지 말고 일 어나	淋 淋淋 △	일 곱번	潢 潢潢 △	비 바람	潕 潕 湳 淋	네 가울 면	潕 潕 湳 湳淋	개 구 리 소 년
潢 一潕 湳淋 △	연 ─못 에	湳 汰汰 汰 △		淋 沖淋 △	(간 주)	沖 沖沖 △	넘 어져 도	潕 潕潕 △	몰 아쳐 도	潢 潢一 潢潢 潕潕	무지 개연 못에	淋 沖淋 △	(간 주)
潕 一潢 潕湳 淋	웃 음꽃 핀	淋 汰汰 潕潕 淋淋	필 릴리 개굴 개굴	潕 潕潕 湳 湳淋	피 리를 불 어라	浹 淋 潕潢 一汰	일 ─어 나라	潕 潕 潕 潕淋	이 겨내 고	潕 淋 沖潕 一淋	비 가온 단다	潕 潕 湳 湳淋	개 구 리 소년
淋 △	다	淋 汰汰 汰 △	필 릴리	淋 沖淋 △	(간 주)	△		△		△		淋 沖淋 △	(간 주)

개똥벌레

한돌 사·곡

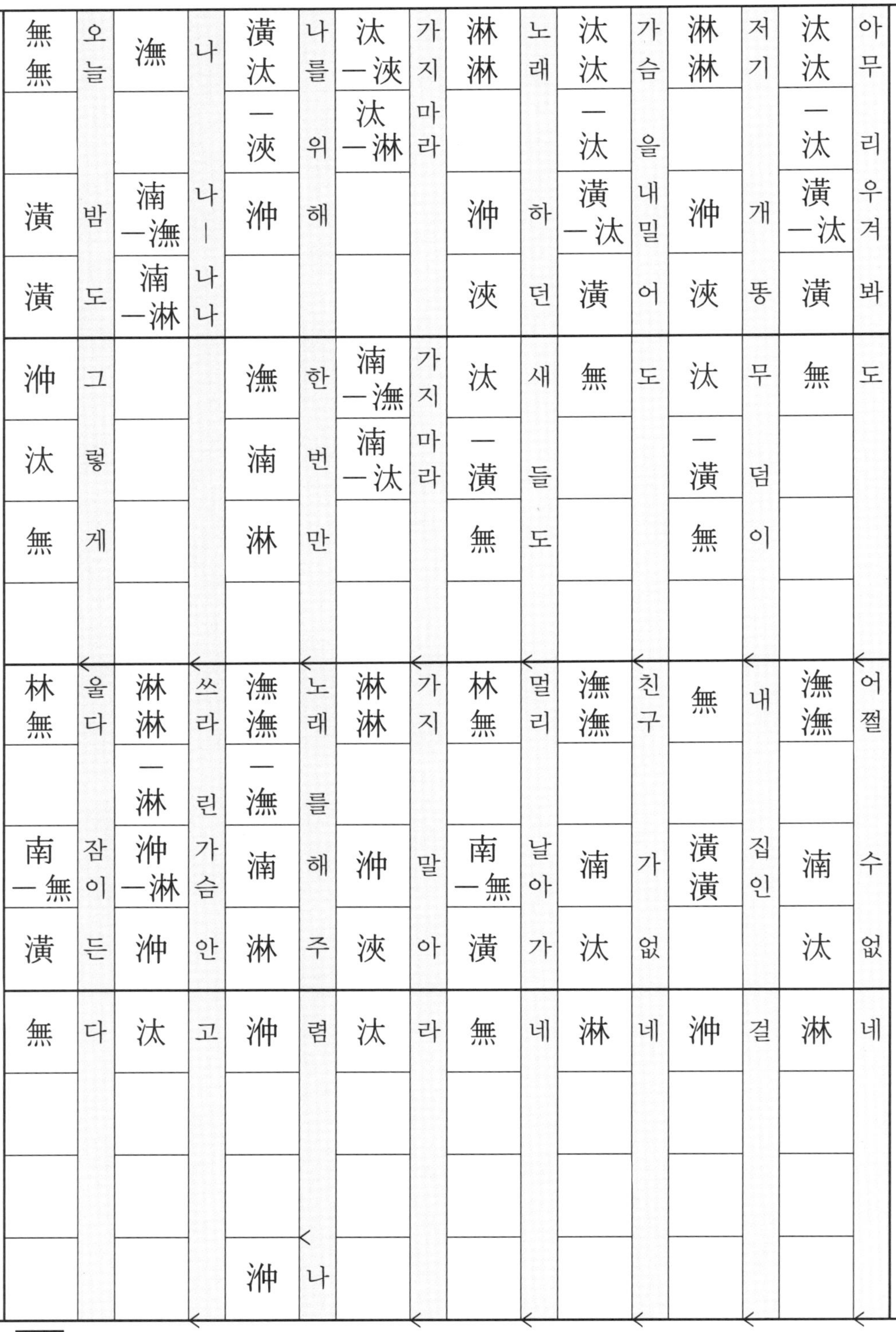
아무리 우겨봐도 어쩔 수 없네
저기 개똥무덤이 내 집인걸
가슴을 내밀어도 친구가 없네
노래하던 새들도 멀리 날아가네
가지마라 가지마라 가지말아라
나를 위해 한번만 노래를 해주렴 나
나 나ㅣ나나 쓰라린 가슴안고
오늘밤도 그렇게 울다 잠이 든다

마법의 성

김광진 사·곡

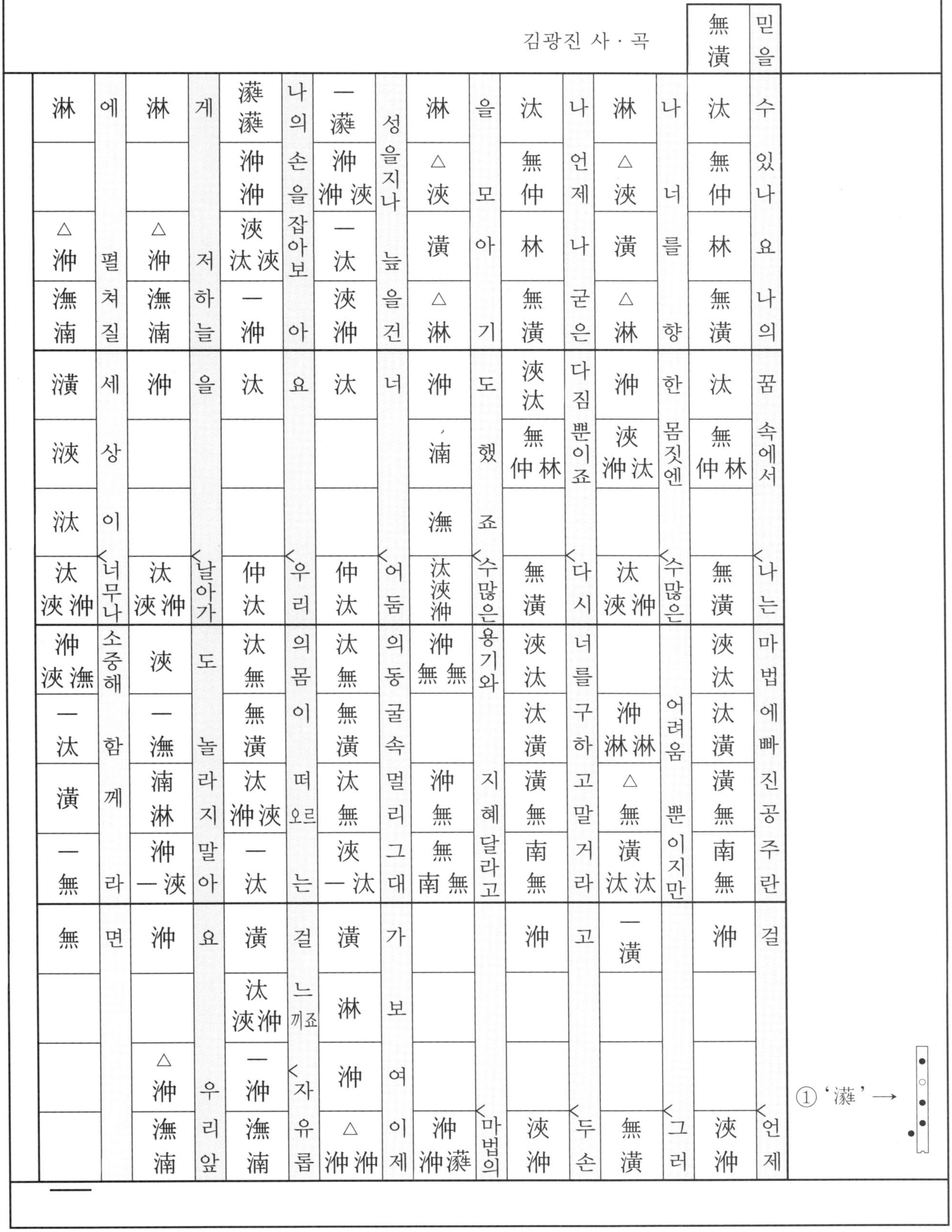

이 곡은 정간보(세로쓰기) 악보로, 각 열은 위에서 아래로 읽고 열은 오른쪽에서 왼쪽으로 읽는다. 아래 표는 인쇄된 각 열의 내용을 왼쪽(C1)부터 오른쪽(C16) 순서로 옮긴 것이다. (홀수 열 = 율명, 짝수 열 = 노랫말)

열	종류	내용 (위 → 아래)
C1	율명	淋 △沖 潕湳 潢 浹 汰 汰浹沖 沖浹潕 一汰 潢 一無 無
C2	노랫말	에 펼쳐질 세상이 너무나 소중해 함께라 면
C3	율명	淋 △沖 潕湳 沖 汰浹沖 浹 一潕湳淋 沖 一浹 沖 △沖 潕湳
C4	노랫말	게 저하늘을 날아가 도 놀라지말아 요 우리앞
C5	율명	潕潕 沖沖 浹汰 一沖 汰 仲汰 汰無 無潢 汰沖浹 一汰 潢 汰浹沖 一沖 潕湳
C6	노랫말	나의손을잡아보아 요 우리의몸이떠오르는 걸느끼죠 자유
C7	율명	一潕湳 沖沖 浹 一汰 浹沖 汰 仲汰 汰無 無潢 汰無 浹 一汰 潢 淋 沖 △沖沖
C8	노랫말	성을지나 늪을건너 어둠의동굴속멀리그대 가보여 이제
C9	율명	淋 △浹 潢 △淋 沖 ˎ湳 潕 汰浹沖 沖無無 浹無 無南 沖無無南 沖沖潕
C10	노랫말	을 모아 기도 했죠 수많은 마법의
C11	율명	汰 無仲 林 無潢 浹汰 無仲林 浹汰 汰潢 潢無 南無 沖 浹沖
C12	노랫말	나 언제나군은 다짐뿐이죠 다시 너를구하고말거라고 두손
C13	율명	淋 △浹 潢 △淋 沖 浹沖汰 沖淋淋 △無潢 汰汰 一潢 無潢 浹沖
C14	노랫말	나 너를 향한 몸짓엔 수많은 어려움뿐이지만 그러
C15	율명	(상단칸) 無潢 ／ 汰 無仲 林 無潢 汰 無仲林 浹汰 汰潢 潢無 南無 沖 浹沖
C16	노랫말	(상단칸) 민을 ／ 수 있나요 나의 꿈 속에서 나는 마법에빠진공주란 걸 언제

① '潕' →

연가

뉴질랜드 민요

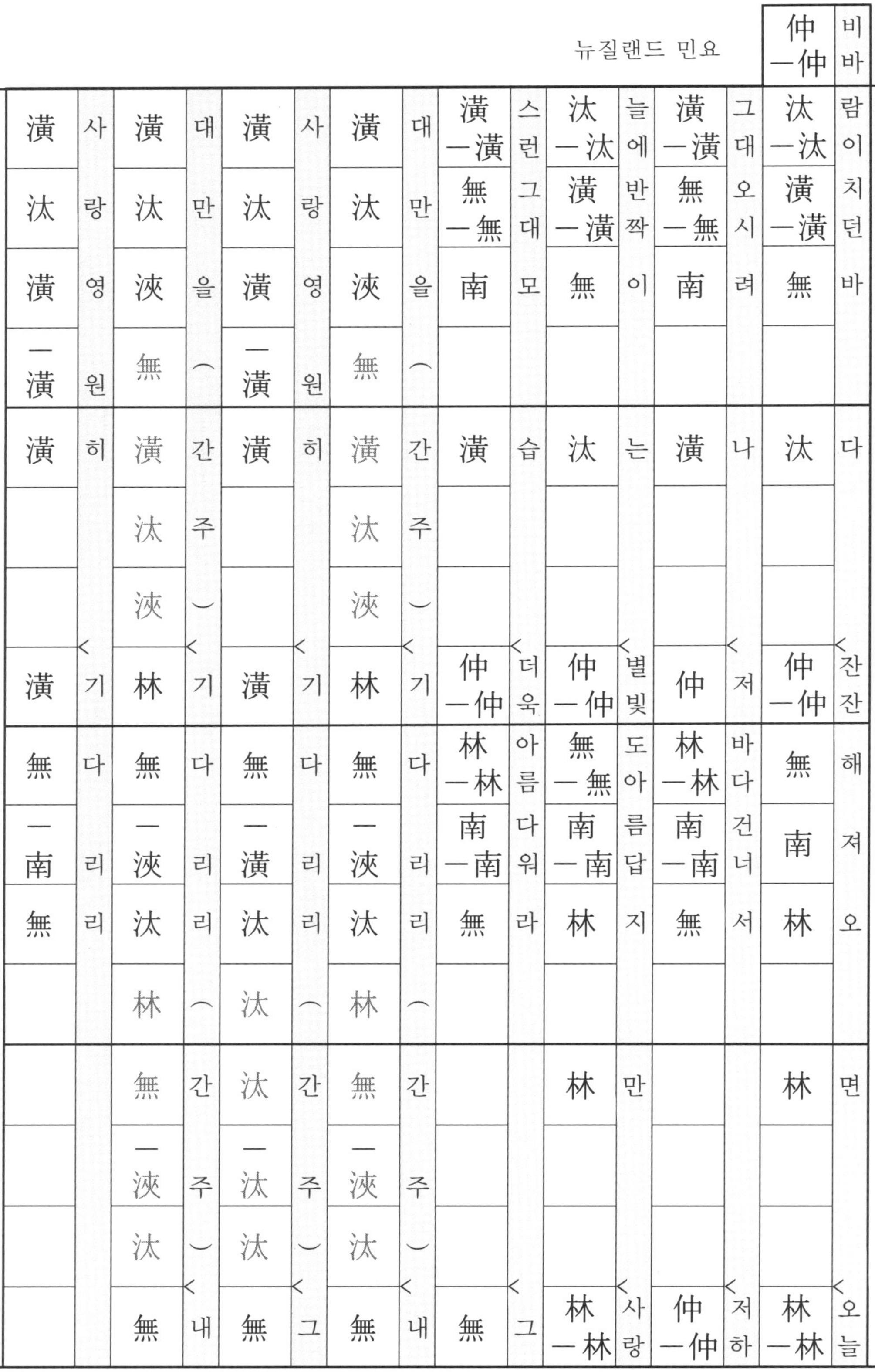

비바람이 치던 바다 잔잔해져 오면 오늘
그대 오시려나 저 바다 건너서 저하
늘에 반짝이는 별빛 도 아름답지만 사랑
스런 그대 모습 더욱 아름다워라 그
대만을 (간주) 기다리리 (간주) 내
사랑 영원히 기다리리 그
대만을 (간주) 기다리리 (간주) 내
사랑 영원히 기다리리리

당신은 사랑받기 위해 태어난 사람

이민섭 사·곡

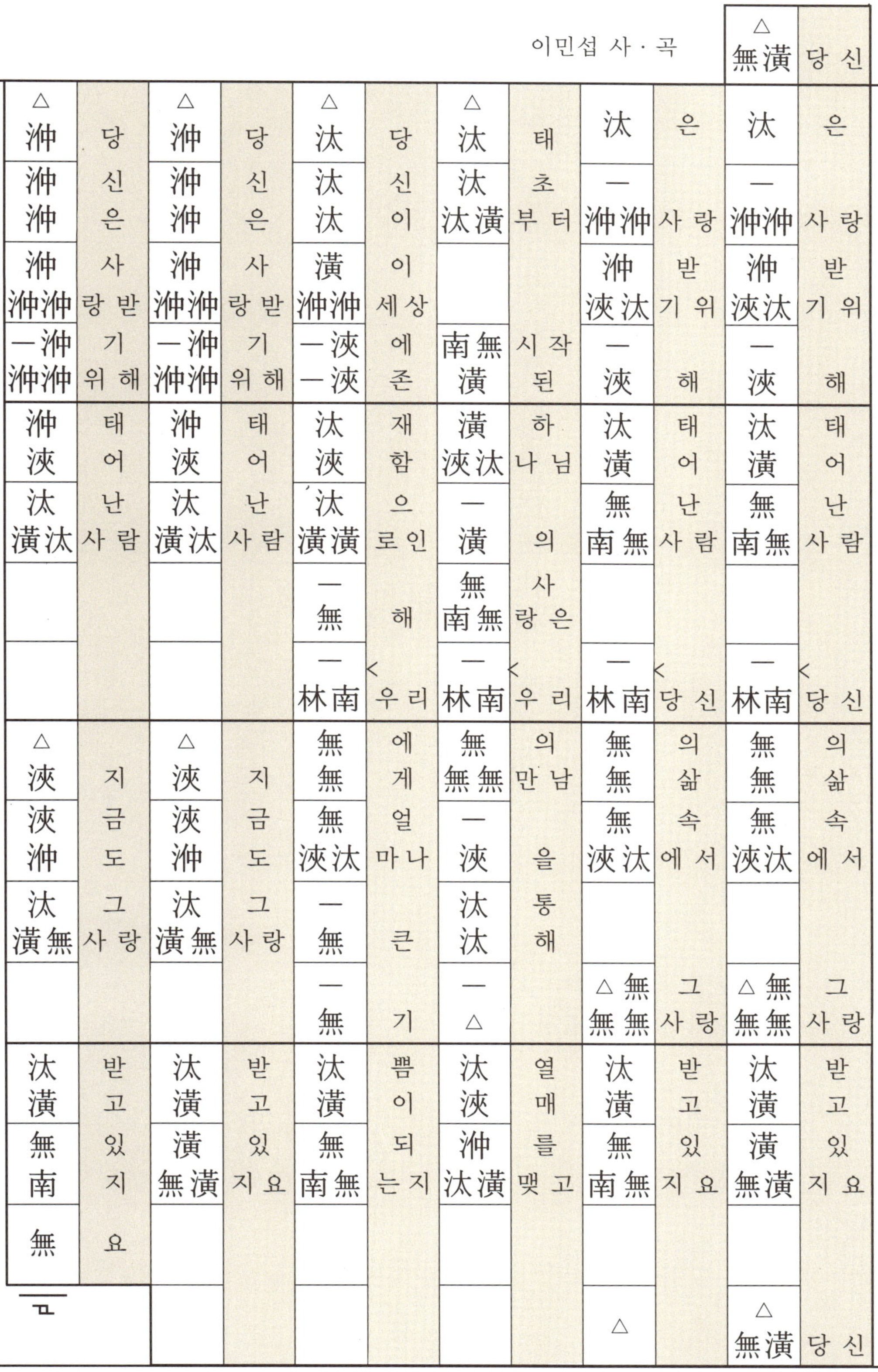

I am still loving you

유유진, 이승호 사
외국 곡

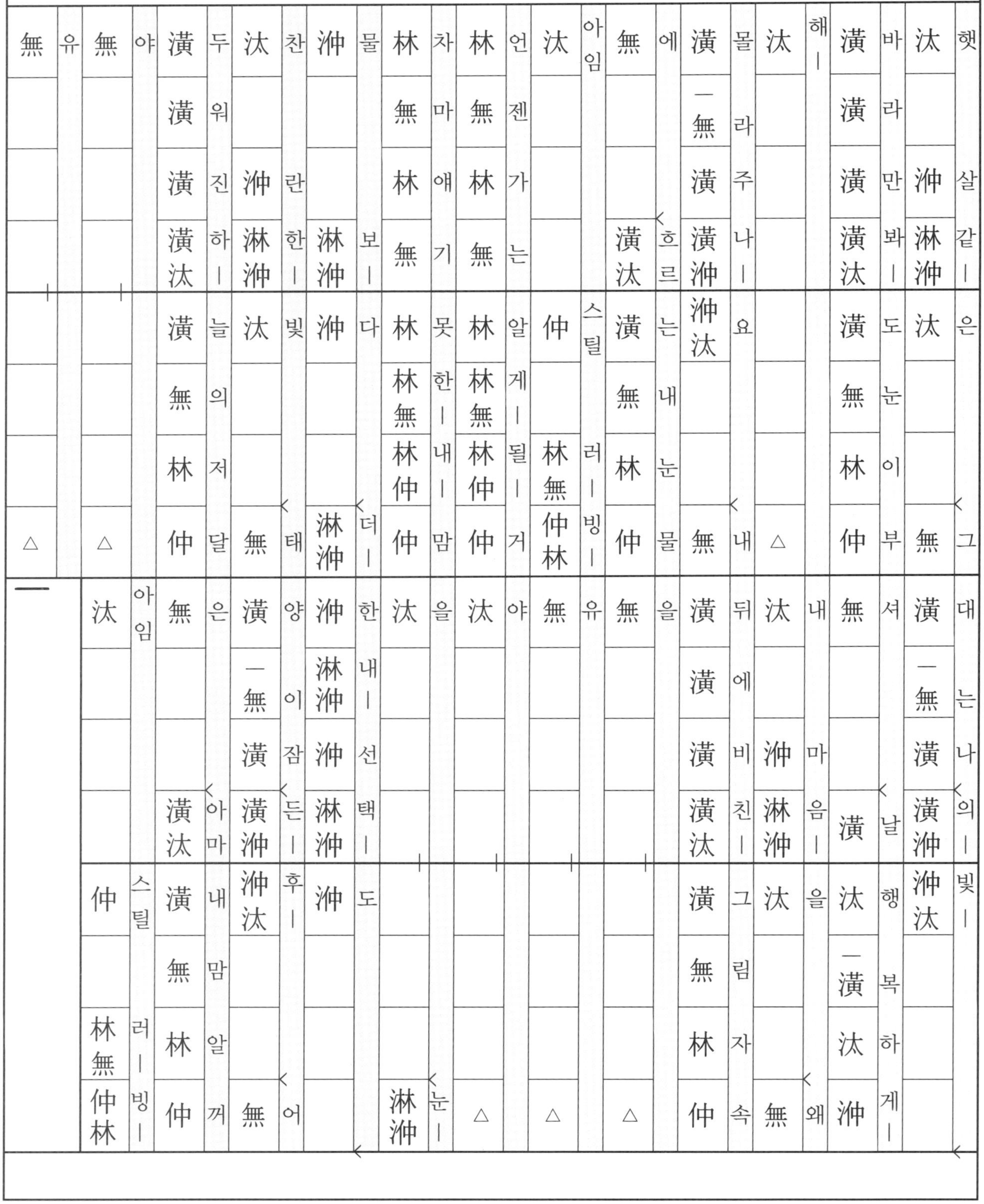

도레미송

리차드 로저스 곡

湳	沖	汰	無
一汰 浹沖 淋湳	一無 潢汰 浹沖	一浹 沖 一汰	一潢 汰 一無
潕	淋	沖	汰
		汰	無
		沖	汰
潕			
淋	淋	浹	潢
浹	一潢 汰浹 沖淋	一沖 淋淋 沖浹	一汰 浹浹 汰潢
湳			
沖			
潕	湳	淋	浹

캉캉

오펜바흐 곡

潢	無	潢	無
潢	無	潢	無
潢	無	潢	無
浹	汰	浹	汰
汰	潢	汰	潢
潢	無	潢	無
無	沖	無	沖
沖		潕	
潢	沖	湳	沖
汰		淋	
無	沖	沖	沖
	淋	浹	淋
	汰	汰	汰
△	浹	潢	浹

꼭두각시

우리 나라 민속 음악

淋	汰	潢汰	潢汰
潢一潢	汰	冲	冲
淋△汰	汰一汰	冲	冲
潢汰潢	汰	冲	冲
淋潕淋	潢	淋潕	淋潕
潢一潢	潢	潕一冲	潕一冲
淋潕淋	潢汰	淋一潕	淋一潕
潢一潢	潢	冲	冲
←	←	←	←
冲	淋	淋潢	淋潢
冲	潢一潢	潕一冲	潕一冲
冲一潕	淋△汰	淋一潕	淋一潕
淋一冲	潢汰潢	冲	冲
潢一冲	淋	潢一冲	潢一冲
冲淋冲	潢一潢	冲淋冲	冲淋冲
汰潢汰	淋△汰	汰潢汰	汰潢汰
潢	潢汰潢	潢	潢
		←	←

보물(마빡이)

강인봉 사·곡

汰	無
無	仲
無	林
潢汰	仲
冲浹	無無
	一潢
浹	汰潢
	無
汰浹	潢
一潢	仲
林	林
南	仲
無	潢潢
	一汰
	浹汰
△	潢

① '汰' → [운지법 그림]

징글벨

피어폰트 곡

가락	노랫말	가락	노랫말	가락	노랫말	가락	노랫말
汰汰汰汰汰汰	종소리울려라	汰汰汰汰汰汰	종소리울려라	仲汰潢無仲	종이울려서	仲汰潢無仲	흰눈사이로
汰沖無一潢汰	종소리울려라	汰沖無一潢汰	종소리울려라	仲汰潢無林	장단맞추니	仲汰潢無林	썰매를타고
浹浹浹一浹浹汰汰汰	기쁜노래부르면서	浹浹浹一浹浹汰汰汰	우리썰매빨리달려	林浹汰潢沖一沖沖沖	흥겨워서소리높여	林浹汰潢南	달리는기분
沖沖浹潢無	빨리달리자	汰潢潢無潢沖	종소리울려라	淋沖浹潢無	노래부르자	沖沖浹潢汰無	상쾌도하다 ―

고요한 밤 거룩한 밤

그루버 곡

潕	아	潢	아	淋	감	淋	주	潢	어	浺	고
浺	ㅣ									—淋	요
汰	기	潢	기	淋	사	淋	의	潢	둠	浺	한
浺	잘	浹	잘	潕	기	潕	부	湳	에	汰	밤
浹	도	—潢	도	—湳	ㅣ	—湳	ㅣ				
潢	잔	湳	잔	淋	도	淋	모				
無	다	潕	다	浺	드	浺	앉	潕	묻	浺	거
				—淋	ㅣ	—淋	ㅣ			—淋	룩
				浺	릴	浺	아	潕	힌	浺	한
		汰	ㅣ	汰	때	汰	서	浺	밤	汰	밤
△											

① '汰' → 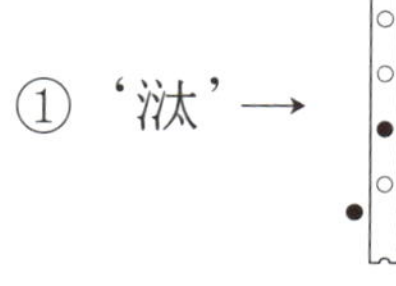

② '浹' → 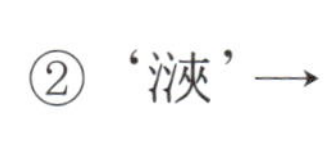

루돌프 사슴코

박순양 개사
자니 마스크 곡

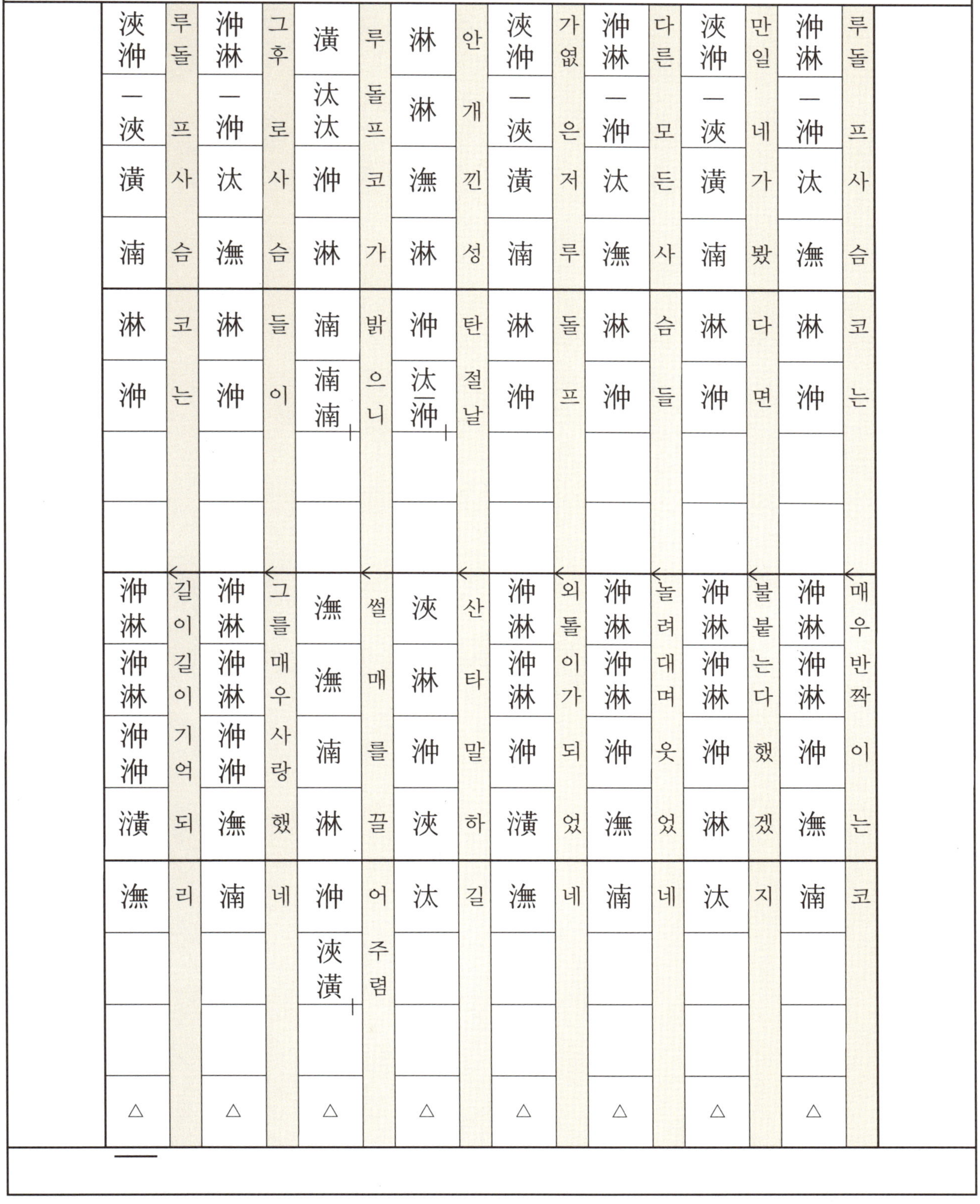

이 곡은 정간보(세로 칸보)로, 각 세로칸은 오른쪽에서 왼쪽으로 읽는다. 각 칸마다 율자보(가락)와 노랫말이 함께 적혀 있으며, 윗가락과 아랫가락 사이에는 ← 표가 있다. 각 노랫말 칸의 맨 아래에는 △ 표가 있다.

읽는 순서	율자보(윗가락)	율자보(아랫가락)	노랫말
1	沖淋 一沖 汰 潕 淋 沖	沖淋 沖淋 沖 潕 湳	루돌프 사슴코는 / 매우 반짝이는 코
2	沖淋 一沖 汰 潕 淋 沖	沖淋 沖淋 沖 潕 湳	만일 네가 봤다면 / 불붙는다 했겠지
3	沖淋 一沖 汰 潕 淋 沖	沖淋 沖淋 沖 潕 湳	다른 모든 사슴들 / 놀려대며 웃었네
4	涞沖 一涞 潢 湳 淋 沖	沖淋 沖淋 沖 潢 潕	가엾은 저 루돌프 / 외톨이가 되었네
5	淋 淋 潕 淋 沖 汰沖	涞 淋 沖 涞 汰	안개 낀 성탄절날 / 산타 말하길
6	潢 汰 汰 沖 淋 湳 湳湳	潕 潕 湳 淋 沖 涞潢	루돌프 코가 밝으니 / 썰매를 끌어주렴
7	淋 淋 潕 淋 沖 潕	沖淋 沖淋 沖沖 潕 湳	그 후로 사슴들이 / 그를 매우 사랑했네
8	涞沖 一涞 潢 湳 淋 沖	沖淋 沖淋 沖沖 潢 潕	루돌프 사슴코는 / 길이길이 기억되리

이두헌 사
김성호 곡

풍선

이 곡은 정간보(세로쓰기) 형식의 가곡 악보로, 음표(율명)와 노랫말이 세로로 병기되어 있으며 오른쪽에서 왼쪽으로 읽는다. 각 단(段)을 표로 옮기면 다음과 같다. (각 표의 열은 악보의 왼쪽→오른쪽 순서이며, 읽는 순서는 오른쪽→왼쪽이다.)

첫째 단

沖 一浹 汰潢 一 無	노 란 풍선 이	汰汰 潢無 一 汰汰 潢無 一	괴 로 울땐 아 이 처럼	△ 汰 汰潢 無無 一 沖	내 어릴 적꿈 은	沖 一浹 汰潢 一 無	지 나 가버 린

둘째 단

沖 一浹 汰潢 一 汰	하 늘 을날 면	△ 淋汰 潢汰 一 潢無 △無 潢汰	뛰어 놀고 싶어 조 그만	△ 汰汰 汰汰 汰沖 一汰	노란 풍선 을타 고	沖 一浹 汰潢 一 汰	어린 시절 엔

셋째 단

沖 一浹 汰潢 一 無 無潢 汰無	내 마 음에 도＜ 아름 다운	浹浹 浹汰 潢 淋淋 一淋 淋沖 汰沖	나 의 꿈들 을 풍선에 가득 신	△ 無潢 汰無 浹汰 潢 無潢	하늘 높이 날으 는 사 람	沖 一浹 汰潢 一 無 無潢 汰無	풍 선 을타 고＜ 날아 가는

넷째 단

浹汰 潢無 淋一汰 沖 一	기 억 들이 생각 나	沖	고	潢 △無 潢無	람 하지만	浹汰 潢無 淋一汰 沖	예쁜 꿈도 꾸었 지

뉴턴 곡

						潢沖	a-
沖	blind	潢	once	沖	saved	沖	ma-
湳淋沖	but-	湳淋沖	was-	湳淋沖		湳淋沖	zing-
湳	now	湳	lost	湳	wretch	湳	grace
淋	can	湳淋	but-	淋湳	like-	湳淋	how
沖	see	沖	now	潢	me	沖	sweet
		汰	am			汰	the
△		潢	found			潢	sound
		潢沖	was-	湳潢	I-	潢沖	that

부록〉장구와 장단

장구는 전통음악의 대표적인 리듬악기의 하나로써 거의 모든 음악에 사용됩니다. 장구는 오른손에 채를 들고 치고 왼손으로 북편을 치며, 북편은 부드럽고 깊은 소리를 내고 채편은 밝고 높은 소리를 냅니다. 조이개를 좌우로 움직여 소리의 높낮이를 조절할 수도 있습니다.

1. 장구의 명칭

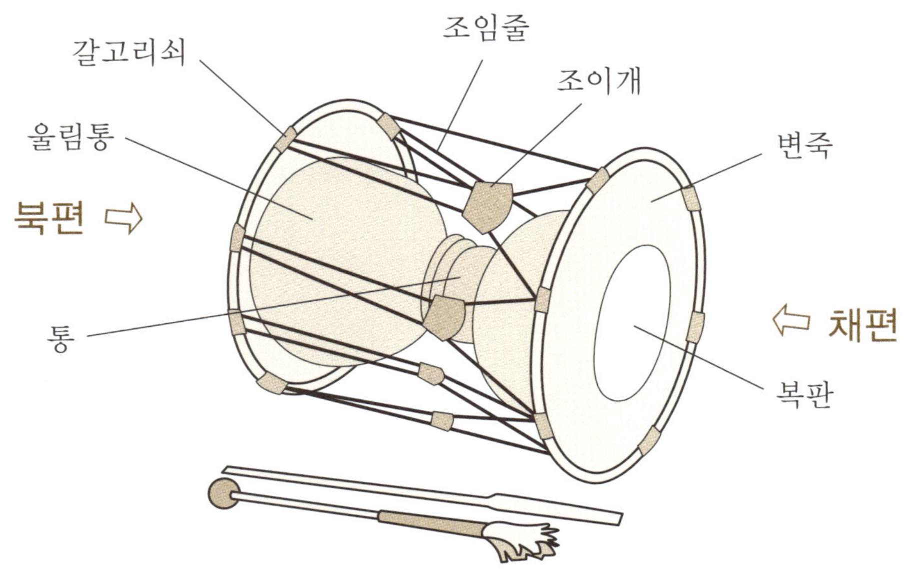

2. 장구의 연주 방법

부호	구음	연주 방법	표기
⏀	덩	북편과 채편을 함께 친다.	
|	덕	오른손(채)로 채편을 친다.	
◯	쿵	왼손(궁굴채)으로 북편을 친다.	
⋮	기덕	오른손 채로 겹쳐서 친다.	
⋮	더러러러	채로 채편을 굴려서 친다.	

3. 장구의 장단

• 세마치 장단

• 굿거리 장단

• 자진모리 장단

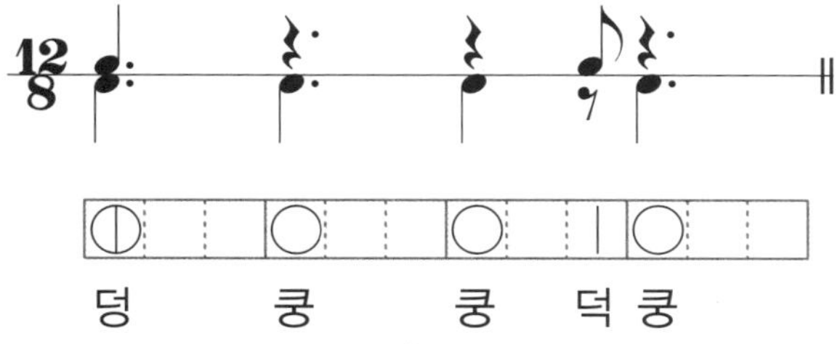

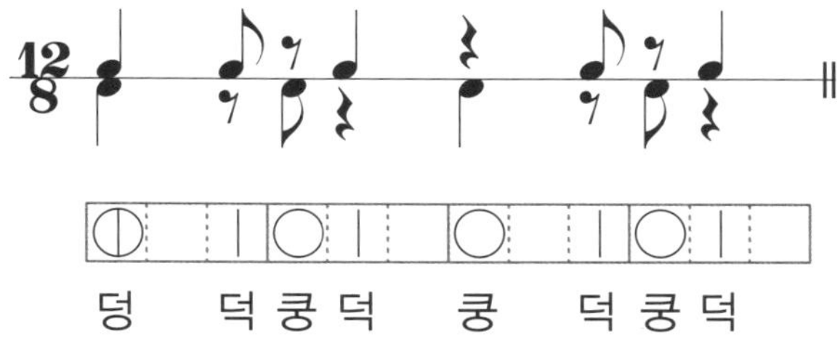

• 중모리 장단

• 중중모리 장단

편저자/조 경주

- 이화여자대학교 한국음악과 대금전공졸업
- 연세대학교 아동국악지도자과 졸업
- 이화여자대학교 아동국악지도자과 졸업
- 한국어린이국악협회 유아국악지도자과 졸업
- 단소 · 소금 · 대금/리코더 미디편곡작업 CD제작
- 인천국악협회 교과과정국악강사
- 초등 · 중등교사 단소강의
- 이화국악원 원장 www.ewhakm.com

발 행 처 아름출판사
주   소 경기도 고양시 덕양구 독곶이길 171(주교동)
          http://www.armusic.co.kr
전   화 (031)977-1881~2(영업부)
          (031)977-1883~4(편집부)
팩   스 (031)977-1885
등   록 1987년 12월 9일 제2001-7호

편 저 자 조경주
발 행 인 성강환
편 집 인 편집부

ISBN 978-89-8377-541-2   13670

값 6,000원